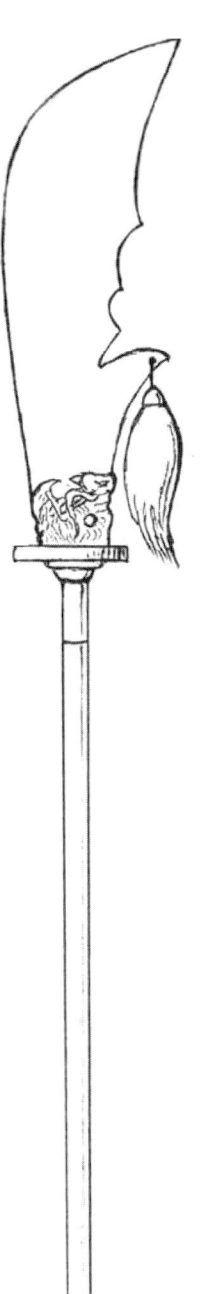

관공십팔도
關公十八勢

서청산 편저
이문화
김태덕 번역

두무곡

머리말

「관공십팔도(關公十八圖)」는 사권문(査拳門)의 비교적 오래된 장병기(長兵器) 투로(套路)의 하나이다. 이 도술(刀術)은 벽(劈)·퇴(推)·찰(扎)·소(掃)·괘(掛)·료(撩)·운(雲)·무화(舞花) 등의 기본도법을 주요 내용으로 삼아서, 사권(査拳)의 특징과 기본요구사항을 결합하여 편성한 투로이다. 그 특징은 내용이 풍부하고, 구조가 빈틈없이 치밀하며, 구성이 균형 잡히고, 보법(步法)이 원활하여 민첩하며, 동작이 활짝 펴지고, 훈련할 때 몸으로써 도(刀)를 재촉해야 하며, 도(刀)가 몸을 이끌고, 몸과 병기(兵器)가 협조하며, 상하(上下)가 서로 호응하여 따르고, 내외(內外)가 하나로 합하며, 움직임이 빠르다가 멈추면 고요하고, 리듬이 선명하며, 기세(氣勢)가 드높고, 거침없이 단숨에 동작한다. 관공십팔도(關公十八圖)」는 몸을 튼튼하게 하는 작용과 실용가치가 있으며, 무술 중의 귀중한 보배이다.

  이 도술(刀術)의 투로는 서청산(徐靑山) 노사가 전수한 것이다. 서(徐) 노사는 일찍이 사권(査拳)의 명인인 장석태(張錫太)의 문하생이 되어 사권(査拳)을 배웠는데, 대도(大刀)를 몹시 좋아하였고, 무술의 조예가 심후(深厚)하였다. 필자는 서(徐) 노사의 원래 투로를 기초로 하여서, 본인의 오랜 수련과 가르친 체험을 배합하여, 이 투로를 편집하여 책으로 써내어, 무술애호가들이 배워 연구하여 참고토록 제공한다. 식견도 없고 학문도 얕아서 타당치 못한 점이 있는 것은 불가피하니, 독자께서 아낌없이 가르쳐 주시기를 삼가 희망한다.

목 차

머리말 3

1. 대도(大刀)의 부위 명칭 7
2. 대도(大刀)의 잡는 법과 장형(掌型) 7
3. 대도(大刀)의 기본 도법(刀法) 9
4. 대도(大刀)의 기본 신형(身型) 12
5. 대도(大刀)의 기본 보형(步型) 12
6. 대도(大刀)의 기본 보법(步法) 15
7. 대도(大刀)의 수련방법 16
8. 관공십팔도(關公十八刀) 도해(圖解) 설명 20
9. 관공십팔도(關公十八刀) 동작명칭 21
10. 관공십팔도(關公十八刀) 동작도해 23

관공18도노선시의도(關公十八刀路線示意圖) ... 124

역자후기 126

1. 대도(大刀)의 부위 명칭

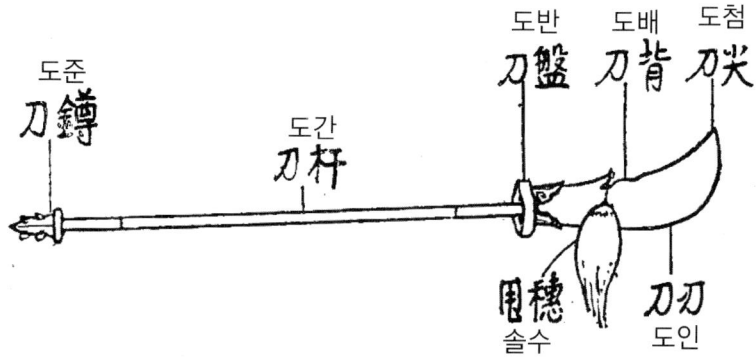

2. 대도(大刀)의 잡는 법과 장형(掌型)

(1) 만악(滿握)

네 손가락을 합쳐 모아 도간(刀杆)을 꽉 움켜잡고, 엄지손가락은 굽혀서 잡는다. 제도(提刀) 벽도(劈刀)의 뒤쪽 손잡이는 대부분 이 방법을 사용하여 도(刀)를 잡는다.

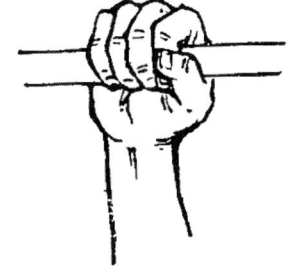

만악(滿握)

(2) 조악(刁握)

일반적으로 오지도(五指刀)라 부르며, 다섯 손가락의 첫째 마디 손가락뼈가 도간(刀杆)을 움켜잡고, 수심(手心)을 비운다. 번도(翻刀) 시에 대부분 이 방법을 사용하여 도(刀)를 잡는다.

조악(刁握)

(3) 나선악(螺旋握)

다섯 손가락을 구부려서 도간(刀杆)을 잡으며, 엄지손가락은 비스듬히 도간(刀杆)의 한 쪽으로 향하고, 나머지 네 손가락은 도간(刀杆)의 다른 한 쪽으로 비스듬히 향하며, 네 손가락은 들쑥날쑥하여 가지런하지 않다. 요도(撩刀) 찰도(扎刀)는 대부분 이러한 종류의 잡는 방법을 사용한다.

나선악(螺旋握)

(4) 장형(掌型)

네 손가락을 곧게 펴서 합쳐 모으고, 엄지손가락은 구부려서 호구(虎口)에 단단히 꺾어 다잡으며, 이 장형(掌型)은 장심(掌心) 장배(掌背) 장지(掌指) 장근(掌根) 장외연(掌外緣) 등으로 구성된다. 장심(掌心)이 위로 향하여 앙장(仰掌)이 되고, 장지(掌指)가 위로 향하여 입장(立掌)이 되며, 장심(掌心)이 아래로 향하여 부장(俯掌)이 된다.

3. 대도(大刀)의 기본 도법(刀法)

(1) 벽도(劈刀)

양 손이 만악(滿握)으로 도(刀)를 잡고, 도(刀)가 위로부터 아래로 향하게 하며, 힘은 도인(刀刃 : 칼날)에 도달한다. 양 팔이 협동하여 일치해야 하며, 동작이 빠르고 맹렬하여 힘이 있어야 한다. 도(刀)를 휘둘러 "패어 쪼개듯이 찍는(劈)" 동작은 지면(地面)과 수직이 되어야 한다.{세운 원(圓) 형태로 돌아 움직인다}

(2) 퇴도(推刀)

양 손을 나누어 벌려서 만악(滿握)으로 도(刀)를 잡고, 도신(刀身)이 수평을 이루어 몸 앞쪽으로 향하여 "밀쳐(推)" 공격하며, 도인(刀刃)이 비스듬히 앞쪽으로 향한다. 양 손이 도간(刀杆)을 꽉 움켜잡고, 동작은 짧고 촉박하며 힘이 있어야 하고, 몸과 병기가 협조하여 일치해야 한다.

(3) 찰도(扎刀)

양 손이 나선악(螺旋握)으로 도(刀)를 잡고, 양 팔을 앞으로 내밀어, 도첨(刀尖 : 칼끝)이 직선으로 움직이게 하여 앞쪽으로 향해 "찔러(扎)" 공격하며, 힘이 도첨(刀尖)에 도달한다. 양 팔이 협동하여 일치해야 하며, 도(刀)가 빠른 속도로 찔러 나가도록 한다.

(4) 번도(翻刀)

양 손의 다섯 손가락이 조악(刁握)으로 도(刀)를 잡고, 도(刀)가 세로 축(軸)을 따르게 하여 "뒤집으며(翻)" 반원주(半圓周 : 반 바퀴)를 돌린다. 앞쪽 팔이 안으로 돌며 도(刀)를 뒤집어 돌리면 안으로의 번도(翻刀)이고, 이와 반대이면 밖으로의 번도(翻刀)이다. 양 팔이 적극적으로 돌아 움직여야 하며, 도(刀)가 빠른 속도로 뒤집어 돌게 한다.

(5) 번전도(翻轉刀)

양 손이 몸 앞에서 조악(⼑握)으로 도(刀)를 잡고, 도(刀)가 한 바퀴를 뒤집어 돌게 하는 것이 번전도(翻轉刀)이다. 그 동작은 오른팔이 팔꿈치를 구부리고, 어깨 관절을 축(軸)으로 삼아 아래로 향하고 좌(左)로 향하다 위로 향하여 돌아 운행하며, 왼팔은 팔꿈치를 구부리고, 왼손은 도(刀)를 느슨하게 잡으며 움직이지 않고, 도(刀)가 반 바퀴를 뒤집어 돌게 하여, 도인(刀刃)이 위로 향한다. 오른손이 도(刀)를 느슨하게 잡으며 움직이지 않고, 왼손이 아래로 향하다 밖으로 향하며 위로 향하여 돌아 움직여서, 양 손은 도(刀)가 계속하여 반 바퀴를 돌게 하여서, 도인(刀刃)이 아래로 향한다. 뒤집어 돌릴 때에 양 손은 조화되어 협조하여 일치해야 하며, 도(刀)가 30cm 가량을 직경(直徑)으로 삼아서 작은 원(圓)을 돌도록 하고, 도인(刀刃)은 시종 운동방향으로 향하도록 한다. 원활하게 연속하여 관통해야 한다. 처음 연습할 때, 먼저 동작을 나누어서 연습하고, 점차로 연결되어 완정하게 되도록 한다.

(6) 무화도(舞花刀)

양 손이 도(刀)를 잡고, 양 팔은 하나는 위에 하나는 아래로 하여 각자 원(圓)을 돌아서, 도(刀)를 몸 측면에서 세워 돌리면 "세운 무화(立舞花)"이며, 도(刀)가 신체에 바짝 접근해야 하고, 도인(刀刃)은 시종 운동방향으로 향한다. 동작은 연결되어 관통해야 하며, 몸과 병기가 협조하여 일치해야 한다. 양 손이 도(刀)의 중단(中段)을 잡고, 양 손이 하나는 좌(左)이고 하나는 우(右)로 하여 돌려 운행하여, 도(刀)를 머리 위에서 수평으로 한 바퀴 돌리면 평무화(平舞花)이며, 동작은 연결되어 관통해야 하고, 도신(刀身)과 지면(地面)은 평행하여서 돌아 움직인다.

(7) 요도(撩刀)

양 손이 도(刀)를 잡고, 양 팔은 도(刀)를 신체의 좌측이나 혹은 우측을 따라서 세워 돌리며 앞으로 향하여 "치켜들어 걷어 올려(撩)" 공격하여, 도인(刀刃)이 앞으로 향하고, 힘이 도인(刀刃)에 도달한다. 몸과 병기가 합하여 하나가 되도록 협조하여 일치해야 한다.

(8) 소도(掃刀)

양 손이 도(刀)를 잡고, 도(刀)를 허리부위 아래에서 수평으로 "휘저어(擺)", 힘이 도인(刀刃)에 도달한다.

(9) 운도(雲刀)

양 손이 도(刀)를 잡고, 도(刀)를 머리 정수리 혹은 머리 앞쪽 위 방향에서 수평의 원(圓)으로 빙글빙글 돌리는 것이 운(雲)이며, 운도(雲刀) 시에 머리는 뒤로 쳐들어 젖혀야 한다.

4. 대도(大刀)의 기본 신형(身型)

신형(身型)은 동작을 정지했을 때에 머리와 몸통의 자세를 가리킨다. 일반적으로 머리는 "받쳐 올리고(頂)", 목은 "곧바르며(直)", 어깨는 "가라앉히고(沈)", 가슴은 "펴며(挺)", 등배는 "곧바르고(直)", 허리는 "내려앉히며(塌)", 배는 "거두어들이고(收)", 둔부는 "수축하여 거두어들인다(斂 : 뒤로 내밀지 않는다)".

5. 대도(大刀)의 기본 보형(步型)

(1) 병보(併步)

양 발의 내측(內側)이 바싹 접근하고, 양 다리는 꼿꼿이 하여 무릎을 곧게 편다.

(2) 마보(馬步)

양 발이 좌우로 평행하게 벌려 서고, 양 발바닥의 내측의 거리는 본인의 발 길이의 3배가량이며, 발바닥 전부가 땅에 닿고, 발끝이 앞쪽 방향 정면으로 향하며, 무릎을 구부려 반쯤 웅크려 앉고, 대퇴(大腿)는 수평에 가깝다. 발가락이 땅을 "움켜잡아야(抓)" 하며, 발꿈치는 밖으로 "밟아 버티고(蹬)", 양 무릎은 조금 안으로 "다잡으며(扣)", 둔부는 아래로 "가라앉혀야(沈)" 하고, 상체가 앞으로 기울어서 둔부가 튀어나오거나 혹은 양 무릎이 발끝을 넘어나가지 않도록 엄중히 방비한다.

(3) 궁보(弓步)

양 발이 전후로 본인의 발 길이의 4배가량의 거리를 벌려 서고, 앞쪽 다리는 무릎을 구부리며, 대퇴(大腿)는 지면과 평행하고, 뒤쪽 다리는 꼿꼿하게 무릎을 곧게 펴며, 양 발끝은 안으로 "꺾어 다잡고(扣)", 발 전부가 땅에 닿으며, 상체는 조금 앞으로 기울인다. 앞쪽 다리의 무릎관절이 발끝을 초과하지 않아야 하고, 뒤쪽 다리는 충분히 박차 버티어 곧으며, 발끝은 가능한 한 안으로 "꺾어 다잡고(扣)", 둔부는 아래로 "누르며 가라앉힌다(壓)".

(4) 헐보(歇步)

양 발이 좌우로 교차하여 서고, 대퇴(大腿)는 단단히 "끼워 잡고(夾)" 무릎을 굽혀 완전히 웅크려 앉으며, 뒤쪽 다리의 무릎은 앞쪽 다리 무릎의 우묵한 곳에 나아가 끼어들고, 소퇴(小腿)의 외측(外側)이 바짝 붙으며, 둔부는 뒤쪽 다리의 발꿈치에 앉히고, 앞쪽 발은 발바닥 전부를 땅에 붙이며, 발끝은 밖으로 벌리고, 뒤쪽 발은 발바닥의 앞부분을 땅에 붙이며, 상체는 바르고 곧다. 아래로 웅크려 앉을 때, 양 다리는 가능한 한 바짝 "끼워 잡고(夾)", 뒤쪽 다리의 무릎은 나아가 끼어들며, 땅에 닿지는 않는다.

(5) 허보(虛步)

양 발이 전후로 벌려 서고, 뒤쪽 다리의 발끝을 밖으로 45도 벌리며, 대퇴(大腿)는 수평에 가깝고, 앞쪽 다리는 무릎을 조금 굽히며, 발등을 팽팽히 당겨 펴서, 발끝을 조금 안으로 꺾어 지면에 가벼이 닿고, 상체는 바르고 곧다. 양 다리는 허실(虛實)이 분명해야 하고, 중심(重心)은 뒤쪽 다리에 편중하며, 실(實)인 뒤쪽 다리는 위로 "박차되(蹬)" "일으켜 올리지는(起)" 않고, 둔부는 아래로 "앉히나(坐)" "내려 주저앉지(落)" 않으며, 즉 "버티어 밟으나 일으켜 올리지는 않고, 앉으나 처져 내리지는 않는다(蹬而不起, 坐而不落)".

(6) 부보(仆步)

한쪽 다리는 완전히 웅크려 앉고, 발바닥 전부가 땅에 붙으며, 발끝을 밖으로 45도 벌리고, 다른 한쪽 다리는 무릎을 펴서 지탱하여 곧게 뻗어 지면에 평평하게 펴고, 발바닥 전부를 땅에 붙이며, 발끝을 안으로 꺾어 돌리고, 앞쪽 방향 정면으로 마주한다. 상체는 바르고 곧으며 또한 곧게 뻗은 다리 방향으로 향하여 조금 비틀어 돌리고, 완전히 구부린 다리의 무릎관절은 밖으로 벌려서, 발끝과 서로 마주하며, 둔부가 튀어나오는 것을 엄중히 방비한다.

(7) 횡당보(橫襠步)

양 발을 좌우로 벌려 서고, 궁보(弓步)와 같은 너비이며, 발바닥 전부를 땅에 붙이고, 양 발의 발끝은 앞쪽 방향 정면으로 마주하며, 한쪽 다리는 무릎을 굽혀 반쯤 웅크려 앉고, 대퇴(大腿)는 수평에 가까우며, 다른 한쪽 다리는 무릎을 곧게 펴서 쭉 뻗는다. 상체는 바르고 곧으며 또한 곧게 뻗은 다리 방향으로 향하여 조금 비틀어 돌리고, 둔부가 튀어나오는 것을 엄중히 방비한다.

6. 대도(大刀)의 기본 보법(步法)

(1) 상보(上步)

한쪽 발이 앞으로 향하여 1보를 성큼 나간다.

(2) 활보(活步)

앞쪽 발이 앞으로 반보(半步)를 나간다.

(3) 근보(跟步 : 滑步)

뒤쪽 발이 앞으로 반보를 나가고, 지탱하는 다리의 뒤에 여전히 있다.

(4) 행보(行步)

양 다리가 연속하여 앞으로(혹은 뒤로) 3보 이상을 이동하며, 양 다리는 무릎을 굽히고, 보(步)를 움직임은 안정되며, 보폭(步幅)은 균등하고, 중심(重心)이 높아졌다 낮아졌다 해서는 안 된다. 상체는 가슴을 펴고, 허리를 내려앉히며, 과(胯)를 "자리 잡아 앉히고(坐)", 또한 안으로 비틀어 돌려서, 상체와 머리가 안으로 기울어진 한 가닥의 직선을 이루게 한다.

(5) 격보(擊步)

뒤쪽 발이 공중에서 앞쪽 발을 쳐서 부딪치고 땅에 내린다.

(6) 약보(躍步)

뒤쪽 다리가 무릎을 굽히고 앞으로 벌려 놓으며, 앞쪽 발은 땅을 박차 뛰어 오르고, 잇따라 뒤쪽 발이 앞으로 향하여 땅에 내린다.

7. 대도(大刀)의 수련방법

대도(大刀)는 비교적 무거운 장병기(長兵器)이며, 그 기술성(技術性)이 강하고, 신체소질에 대한 요구가 높다. 그러므로 대도(大刀)를 배우려면 반드시 간단한 데로부터 번잡한 데에 이르고, 쉬운 데로부터 어려운 데에 이르며, 얕은 데로부터 깊은 데로 들어가는 순서를 차례대로 점차적으로 나아가는 원칙을 따라야만 예기한 효과를 거둘 수 있다.

(1) 수련절차

1. 기본 도법(刀法)의 연습을 강화한다

처음 배우는 사람은 응당 무술의 기본공과 권술의 기초를 연습해야 하며, 기본도법의 연습을 보강해야 한다. 대도(大刀)는 벽(劈)·찰(扎)·요(撩)·퇴(推)·절(截)·번전(翻轉)·무화(舞花) 등의 도법(刀法)이 주요내용이다. 먼저 각종 도법(刀法)의 동작요령과 요구사항 그리고 요점을 분명히 파악해야 하고, 다시 동작에서 요구하는 바에 따라 한 초식이나 한 자세씩 연습을 진행하며, 점차적으로 대도(大刀)의 성능(性能)을 체험하여 터득하고, 사용방법을 배워 알며, 수련자의 전문 항목에 관한 소질과 기본기능을 향상시킨다. 예를 들면, 번전도(翻轉刀)는 대도(大刀)의 독특한 도법인데, 수련자가 처음 배울 때 양 발을 전후로 벌려 서고, 양 손은 도간(刀杆)을 조악(ᄀ握)으로 잡고, 앞쪽 손은 안으로 돌려 손목을 굽히며, 뒤쪽 손은 느슨하게 잡아서 도(刀)가 반 바퀴를 "뒤집어 돌게(翻轉)" 하고, 뒤쪽 손은 손목을 펴며 앞쪽 손이 느슨히 잡아 계속하여 도(刀)가 뒤집어 돌게 하여 한 바퀴를 완성한다. 양 팔을 협동하여 빙글빙글 돌아 움직임은, 양 손이 반복하여 연습하며, 직경 30cm의 원(圓)을 따라서 도(刀)가 운동하게 한다. 이러한 연습은 응당 어느 정도 상당한 횟수를 해야 하며, 점차로 전신이 협조되어야 한다.

2. 기본동작을 규격화(規格化)해야 한다

기본동작은 도법(刀法)과 하지(下肢 : 하체)동작의 결합이며, 투로(套路)의 주요내용이다. 처음 배울 때 반드시 이러한 동작의 규격이 요구하는 바에 따라서 조금도 소홀함이 없이 연습을 진행하고, 수형(手型)·보형(步型)·평형(平衡)·도약(跳躍) 그리고 대도(大刀)를 사용하는 각종 방법이 규격화 되도록 해야 한다. 예를 들면, 마보벽도(馬步劈刀)는 먼저 마보(馬步)가 정확하게 정형화(定型化)되고, 벽도(劈刀)를 완성하는 과정은 속도가 빠르며 정확하고 힘이 있어야 하며, 전체 동작은 상하지(上下肢)가 협조되어 일치하여 동시에 완성해야 한다. 이러한 기초 위에 동작이 조합(組合)하여 연습을 진행하여서, 동작의 질(質)을 높이고, 차츰 투로(套路)를 연구한다. 동작을 조합하는 연습을 진행할 때, 자신이 필요로 하는 목적에 따라서 편성할 수 있는데, 만약 어떤 도법(刀法)을 이해하려면, 같은 종류의 동작을 함께 편성하여 연습을 진행한다. 예를 들면, 마보벽도(馬步劈刀)·번신마보벽도(翻身馬步劈刀)·도보번신궁보벽도(跳步翻身弓步劈刀)를 편성할 수 있다. 만약 투로(套路) 중의 고난도 동작의 질을 높이려면, 또한 편성하여 짜 맞추어 연습을 진행할 수 있다. 만약 투로(套路)의 리듬을 익히려면, 투로(套路) 중의 전형적인 조합(組合)을 가려내어서 반복하여 연습할 수 있다. 연습을 통하여 기본동작의 질(質)과 운용능력을 진일보하여 높이면, 대도(大刀)의 전체 투로(套路)를 배워 익히는 데에 견실한 기초를 닦는 것이다.

3. 투로(套路)의 연습을 엄격히 진행한다

관공십팔도(關公十八刀)는 50개의 동작으로 구성되었다. 연습은 자신의 실제정황에 따라서 단락을 나누어 연습하거나 전체 투로를 연습하거나 더 많이 연습할 수 있다. 수련자는 연습하는 중에 동작의 동(動)과 정(靜)·쾌(快)와 만(慢)·강(剛)과 유(柔)를 차츰차츰 체험하여 터득하고, 동(動)이 리듬을 갖추게 하며, 정(靜)이 자세(姿勢)를 갖추게 하고, "빠르나(快)" "산란하지(亂)" 않으며, "느리나(慢)" "정체되지(滯)" 않고, "단단하나(剛)" "뻣뻣하지(僵)" 않으며, "부드러우나(柔)" "연약하지(軟)" 않고, 도법(刀法)을 명확하게 이해하며, 몸과 병기(兵器)가 협조한다.

(2) 대도(大刀)수련의 주의사항

1. 대도(大刀) 투로는 그림과 문자를 사용하여 서로 보충하며 설명하는 방법으로 서술한 것이다

그림을 보며 학습할 때, 먼저 그림과 설명의 기본지식을 파악해야 하고, 그러한 후에 다시 학습한다. 구체적인 학습과정은 아래와 같다.

(1) 동작의 명칭을 파악한다 : 동작의 명칭은 동작에 대하여 간결하게 요약한 것이며, 무슨 동작인지를 명확히 하는 것은 또한 바로 동작에 대하여 초보적인 지식을 가지는 것이다. 예를 들면, 마보벽도(馬步劈刀)는 하지(下肢)가 마보(馬步)이고, 상지(上肢)는 벽도(劈刀)인데, 문자서술을 통하여 곧 초보적인 개념을 가진다.

(2) 동작의 노선(路線) 지시선(指示線)을 분명히 살펴본다 : 지시선은 「→」와 「⋯→」 선으로 다음 동작의 운동노선을 표시하며, 지시선에 의하여 동작의 전후경위에 대하여 초보적인 윤곽을 얻을 수 있다.

(3) 문자설명을 자세히 읽는다 : 문자설명은 투로를 학습하는 주요 근거이므로, 학습을 통하여 동작노선을 정확히 파악할 수 있고, 동작의

요령과 요점을 명확히 한다.

2. 수련시의 서는 방향을 고정한다

처음 배우는 단계에서는 서는 방향을 고정한다. 만약 수련을 시작할 때 남쪽을 향하여 서면, 이후의 학습 중에도 모두 남쪽으로 향한다. 또한 고정된 물체를 이용하여 참조할 물체로 삼아서 동작노선을 기억하는 데에 도움이 된다. 익숙하게 수련한 후에는 이러한 제한을 받지 않는다.

3. 오로지 꾸준히 연습한다

동작노선을 파악하여 기초를 확립하고, 동작이 요구하는 바에 따라서 애써 연습을 진행한다. 속담에 말하기를 :「권술을 배우기는 쉬우나 권술을 수련하기가 어렵다(學拳容易練拳難)」·「권술은 천 번을 하면 신법이 저절로 된다(拳打千遍身法自然)」대도(大刀)를 학습하는 것은 한 시기만 노력하면 되는 것이나, 그러나 연습하는 것은 확실히 평생의 일이다. 수련자는 다만 방법이 정확하고 꾸준히 지속하면 반드시 대도(大刀)의 풍격(風格)을 파악할 것이며, 그 중의 오묘함을 점차 체험하여 터득할 것이다.

8. 관공십팔도(關公十八刀) 도해(圖解) 설명

(1) 본 대도(大刀)는 원래 동작명칭이 가결(歌訣)의 형식으로 표시된 것이나, 학습과 기억에 편리하도록 매 한 동작 모두에 명칭을 붙였다.

(2) 대도(大刀)의 투로는 형세(形勢)마다 서로 이어받아서, 연결되어 관통하는 특성이 매우 강하지만, 더욱 명확하게 표현하기 위해 매 한 동작 모두에 대하여 나누어 설명하였다.

(3) 동작은 기본적으로 보법(步法)·신법(身法)·도법(刀法)·안법(眼法)에 따라서 아래로부터 위로의 순서로 서술하였다. 무릇 동작의 선후순서를 설명하지 않은 것은, "동시(同時)"라는 두 글자가 있는지 없는지에 관계없이 모두 수(手)·도(刀)·안(眼)·신법(身法)·보(步)가 협동하여 일치해야 한다.

(4) 동작의 방향은 인체의 전후좌우로써 근거로 삼는다. 방향이 어떻게 변환하는지를 막론하고, 언제나 신체의 가슴이 향하는 방향이 앞(남쪽 방향으로 설정한다)이 되고, 등이 향하는 방향이 뒤(북쪽으로 설정한다)가 되며, 왼쪽 어깨 측의 방향이 좌(左 : 동쪽으로 설정한다)가 되고, 오른쪽 어깨 측의 방향이 우(右 : 서쪽으로 설정한다)가 된다.

(5) 동작방향을 명확하게 하기 위해 「관공십팔도노선시의도(關公十八刀路線示意圖)」를 그려 뒤에 첨부하여, 처음 배우는 사람에게 참고로 제공하였다.

(6) 그림 중의 허선(虛線 : 점선)과 실선(實線)은 동작의 지시선(指示線)이며, 이 동작으로부터 다음 동작까지 경과하는 노선을 표시하고, 왼발은 허선(虛線 ⋯)이며, 오른발과 도(刀)는 실선(實線 →)이다.

9. 관공십팔도(關公十八刀) 동작명칭

예비세(預備勢)

1. 제도상세(提刀上勢)
2. 병보도장(併步挑掌)
3. 궁보탁도(弓步托刀)
4. 헐보운말도(歇步雲抹刀)
5. 궁보배도(弓步揹刀)
6. 무화도보궁보퇴도(舞花跳步弓步推刀)
7. 회신찰도(回身扎刀)
8. 제슬괘도(提膝掛刀)
9. 행보대도(行步帶刀)
10. 격보찰도(擊步扎刀)
11. 허보거도(虛步擧刀)
12. 진보무화(進步舞花)
13. 번신궁보벽도(翻身弓步劈刀)
14. 횡당보거도(橫襠步擧刀)
15. 진보무화(進步舞花)
16. 번신궁보벽도(翻身弓步劈刀)
17. 삼헌도(三獻刀)
18. 번신궁보찰도(翻身弓步扎刀)
19. 퇴보무화(退步舞花)
20. 번신궁보벽도(翻身弓步劈刀)
21. 허보납도(虛步拉刀)
22. 도보궁보찰도(跳步弓步扎刀)
23. 삼헌도(三獻刀)
24. 전신괘도(轉身掛刀)
25. 도보궁보퇴도(跳步弓步推刀)

26. 제슬찰도(提膝扎刀)
27. 행보대도(行步帶刀)
28. 횡당보거도(橫襠步擧刀)
29. 진보우요도(進步右撩刀)
30. 진보좌요도(進步左撩刀)
31. 격보번신복보벽도(擊步翻身僕步劈刀)
32. 전탄요도(箭彈撩刀)
33. 삽보발도(插步撥刀)
34. 궁보헌준(弓步獻鐏)
35. 선전소도(旋轉掃刀)
36. 삼헌도(三獻刀)
37. 도보전신운도(跳步轉身雲刀)
38. 병보퇴도(倂步推刀)
39. 행보무화헐보안도(行步舞花歇步按刀)
40. 제슬찰도(提膝扎刀)
41. 회마도(回馬刀)
42. 궁보퇴도(弓步推刀)
43. 전신격보헌준(轉身擊步獻鐏)
44. 전신허보거도(轉身虛步擧刀)
45. 개마삼도(蓋馬三刀)
46. 전신마보벽도(轉身馬步劈刀)
47. 마보붕도(馬步崩刀)
48. 무화헐보안도(舞花歇步按刀)
49. 병보번도(倂步翻刀)
50. 궁보평참(弓步平斬)

수세(收勢)

1. 허보포도(虛步抱刀)
2. 병보직립(倂步直立)

10. 관공십팔도(關公十八刀) 동작도해

예비세(預備勢)

양 발이 보(步)를 합하여(남쪽으로 향한다) 똑바로 서고, 왼손은 몸 측면에 내려뜨리며, 오른팔은 팔꿈치를 굽히고, 오른손은 도(刀)를 중간에 잡고, 아래팔뚝은 지면과 평행하며, 도신(刀身)은 오른발의 우(右) 앞 방향에 세우고, 도인(刀刃)이 앞으로 향한다. 머리와 목은 바르고 곧으며, 눈은 앞으로 향하여 똑바로 수평으로 바라본다. (그림 1)

(그림 1)

1. 제도상세(提刀上勢)

(1) 왼발이 좌(左) 앞 방향으로(東南) 보(步)를 나가고, 중심(重心)이 앞으로 가며, 양 다리는 무릎을 조금 굽힌다. 동시에 오른팔은 팔꿈치를 구부리며, 아래팔뚝을 안으로 거두어 들이며 위로 들어올려 가슴 앞에 이르고, 도(刀)가 지면에서 조금 떨어지게 하여서 몸 앞에 수평으로 이동하며, 도인(刀刃)이 좌(左)로 향하고, 왼팔은 조금 밖으로 벌리며, 눈은 좌(左) 앞쪽 방향으로 바라본다. (그림 2)

(그림 2)

(2) 앞 동작이 멈추지 않고(이후에 동작의 연결을 설명하는 중에, 동작을 잠시 멈춘다고 설명하지 않는 모든 것은 멈추지 않는다), 오른발을 왼발의 내측(內側)으로 거두어들여서, 조금 땅에서 떨어진다. (그림 3)

(3) 오른발이 우(右) 앞쪽으로(西南) 보(步)를 나가고, 이에 쫓아 왼발이 보(步)를 따라가서, 양 다리는 곧게 펴며 보(步)를 나란히 합쳐 선다. 동시에 오른팔 아래팔뚝은 밖으로 벌리며 도(刀)를 우(右) 앞쪽 원래 위치로 이동하여, 도준(刀鐏)이 땅에 닿고, 왼팔은 안으로 거두어들여 원래 위치에 오며, 눈은 앞쪽으로 똑바로 바라본다. (그림 4)

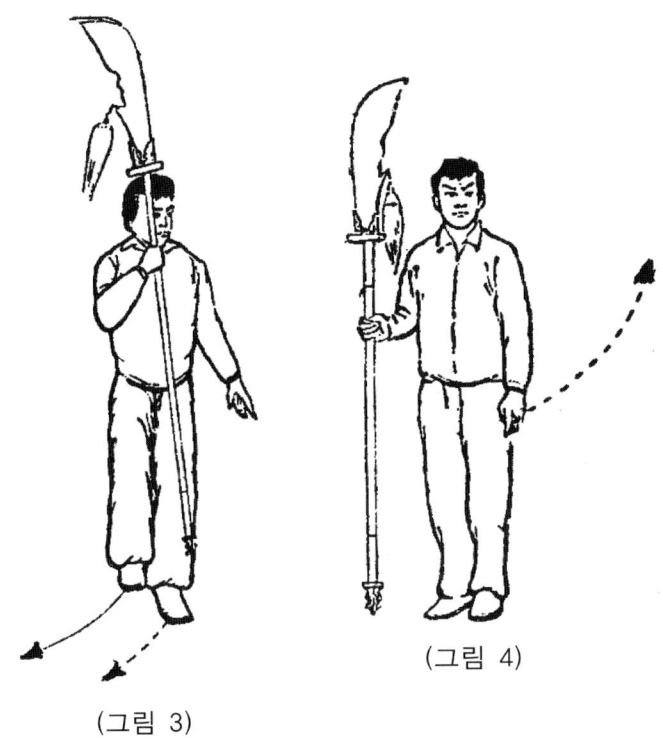

(그림 3) (그림 4)

요점

왼발이 보(步)를 나갈 때 먼저 신체의 중심(重心)을 이동하며, 하지(下肢)를 이끌어 나가 앞으로 보(步)를 성큼 나간다. 오른발이 우(右) 앞쪽으로 보(步)를 나가는 동시에, 왼발은 땅을 박차며 빠른 속도로 좇아 따라간다. 신체의 중심(重心)은 「⌣」의 형태를 이루며 운동한다.

2. 병보도장(倂步挑掌)

앞 동작이 잠깐 멈추고, 왼손은 장(掌)을 들어올려서 "세운 장(立掌)"이 되며, 손가락 끝은 높이가 눈썹과 같고, 오른손은 도(刀)를 잡고서 움직이지 않는다. 머리를 좌(左)로 돌리고, 눈이 좌(左)로 향해 수평으로 바라본다. (그림 5)

(그림 5)

요점

장(掌)을 들어올릴 때, 손목을 떨쳐 흔드는 동작이 분명히 드러나야 하고, 머리를 돌리는 동작과 동시에 완성해야 한다.

3. 궁보탁도(弓步托刀)

(1) 오른팔이 팔꿈치를 굽히며 도(刀)를 들어올리고, 이에 따라 오른팔 아래팔뚝을 안으로 거두어들이며, 도(刀)를 몸 앞으로 이동시키고, 왼손은 엄지손가락을 벌리며 장심(掌心)이 안으로 향하여 배 앞에서 도

간(刀杆)을 끼워 잡는다. 동시에 오른다리는 무릎을 굽히며 들어올리고, 오른발 내측(內側)이 도간(刀杆)에 닿는다. (그림 6)

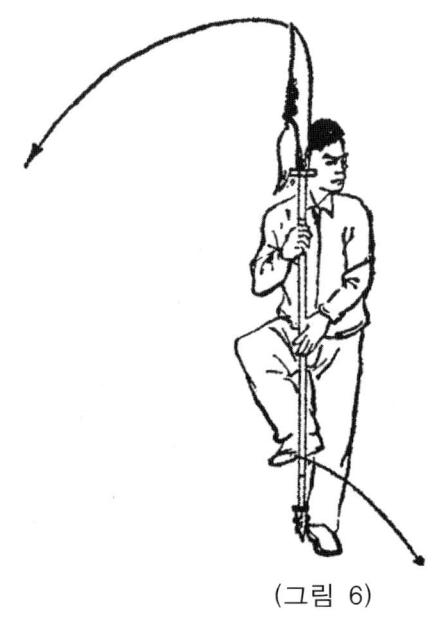

(그림 6)

(2) 오른발이 좌(左) 위로 향하여 도간(刀杆)을 "차며(踢)", 기세에 따라서 앞으로 향해 보(步)를 내리고, 무릎을 굽히며 반쯤 웅크려 앉고, 발끝을 밖으로 벌리고, 왼다리는 조금 굽히며, 발꿈치는 들어올린다. 동시에 오른팔 아래팔뚝은 밖으로{팔을 안으로 돌리거나 밖으로 돌리는 동작은 명확히 단정할 수 없는 미묘한 경우가 많고 또한 주관적인 착오도 있으므로, 번역은 원문대로 하였으나 동작설명에 구애받지 말고 그림과 동작을 유추하면 혼란이 없을 것이다 : 역자註} 돌리며, 오른손은 우(右)로 향하다 아래로 향하여 휘돌리며, 왼팔은 좌(左)로 향하다 위로 향해 휘돌리며 팔꿈치를 굽히고, 양 손은 도(刀)를 우(右)로 향하다 아래로 향하게 하여 $\frac{1}{4}$바퀴를 휘돌려서, 도인(刀刃)이 위로 향한다. 눈은 앞으로 똑바로 바라본다. (그림 7)

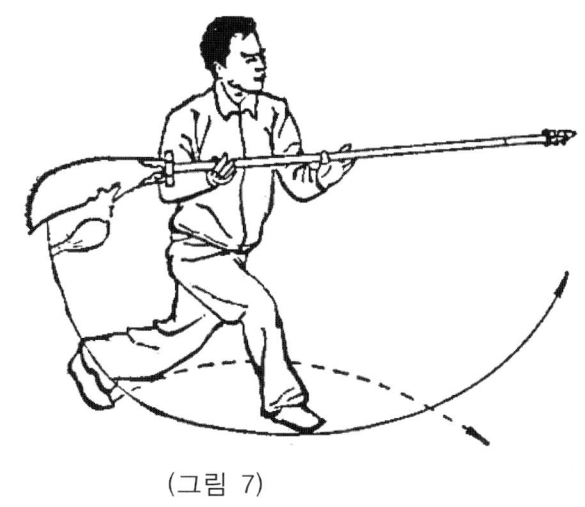

(그림 7)

　(3) 왼발이 앞으로(東) 향해 보(步)를 나가서, 발끝을 안으로 꺾어 돌리고, 오른다리는 곧게 펴서 좌궁보(左弓步)가 된다. 동시에 오른팔은 안으로 돌리며 도인(刀刃)이 아래로 향하게 하고, 기세에 따라서 양 손은 도(刀)가 계속하여 아래로 향하고 몸 측면을 거쳐서 앞쪽 위로 향하도록 하여 "걷어 올려(撩)" 나가서, 도인(刀刃)이 위로 향하고, 왼손은 도(刀)를 따라서 돌아 움직이는 동시에 잡는 방식을 바꾸며(엄지가 오른쪽에 있고, 나머지 네 손가락은 왼쪽에 있다) 오른쪽 어깨 앞에 이르고, 오른팔은 곧게 펴서 몸 앞에서 도(刀)를 받쳐들며, 도간(刀杆)은 오른쪽 어깨 위에 "얹어 멘다(扛)". 눈은 앞 방향을 바라본다. (그림 8)

요점

　도(刀)를 "걷어 올리는(撩)" 동작은 연결되어 관통해야 하고, 몸 측면에서 세운 원(圓) 형태로 휘돌아 움직인다.

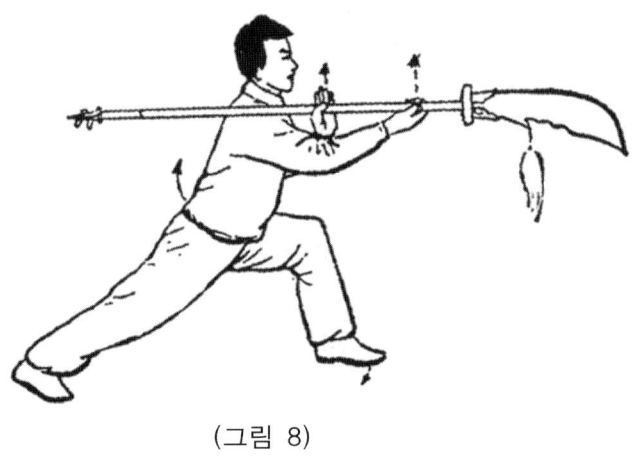

(그림 8)

4. 헐보운말도(歇步雲抹刀)

(1) 왼발이 땅을 박차고, 신체는 조금 일어서며 또한 우(右)로 돌리고, 중심(重心)은 양 다리 사이에 내린다. 동시에 양 손은 도(刀)를 위로 들어올리고, 이에 따라 도(刀)가 우(右)로 향하여 수평으로 휘돌게 하며,

(그림 9)

눈은 도(刀)를 바라본다. (그림 9)

(2) 왼발이 우(右) 앞쪽으로(西南) 향하여 보(步)를 나가고, 오른발은 발꿈치를 들어올리며, 동시에 양 손은 위로 들어올려 도(刀)가 머리 위에서 계속하여 수평으로 휘돌게 하여(시계 방향) 몸 앞에 이르고, 도인(刀刃)이 앞으로 향하며, 오른팔은 곧게 펴서 도(刀)를 잡고, 왼팔은 조금 굽히며, 상체는 조금 앞으로 기울이고, 눈은 도(刀)를 바라본다. (그림 10)

(그림 10)

(3) 오른발이 앞으로(西南) 향하여 보(步)를 나가고, 즉시 왼발이 오른 다리 뒤로(西南) 향하여 보(步)를 끼어 들여 아래로 웅크려 앉아 헐보(歇步)가 되며, 동시에 양 손은 도(刀)가 계속하여 뒤쪽 아래로 향하여 휘돌아 움직이게 하여 도(刀)를 "빙 에돌려서(抹)", 몸 뒤에 등지며, 왼손은 기세에 따라서 오른쪽 어깨 앞에 세우고, 손가락이 위로 향하며, 장심(掌心)이 우(右)로 향하고, 상체는 조금 좌측으로 기울어진다. 눈은 우(右) 아래 방향을 바라본다. (그림 11)

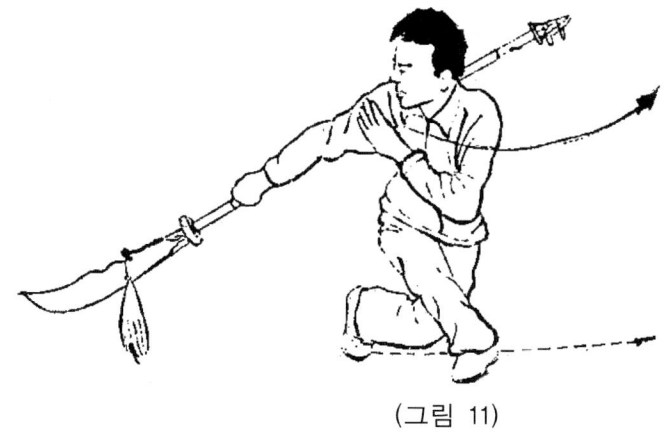

(그림 11)

요점

운말도(雲抹刀) 동작은 하지(下肢)의 보법(步法)과 보조를 맞추어 협조하여 일치해야 하며, 동시에 완성해야 한다.

5. 궁보배도(弓步揹刀)

왼발이 좌(左 : 東)로 향하여 보(步)가 나가고, 상체는 조금 좌(左)로 비틀어 돌리며, 오른다리는 무릎을 지탱하여 곧게 펴서 좌궁보(左弓步)가 되고, 동시에 좌장(左掌)은 앞으로 "밀어(推)" 나가며, 손가락이 위로 향하고, 높이는 눈썹과 같으며, 머리는 좌(左)로 돌린다. 눈은 앞으로 향하여 똑바로 바라본다. (그림 12)

요점

보(步)가 나갈 때 신체의 중심(重心)은 사선(斜線)운동을 이루며, 궁보(弓步) 동작과 장(掌)을 밀어나가는 동작은 동시에 완성한다.

(그림 12)

6. 무화도보궁보퇴도(舞花跳步弓步推刀)

(1) 왼다리가 땅을 박차 버티며, 오른발이 앞으로 향해 "보를 미끄러지듯 따라가고(滑步 : 跟步 ; 반보)", 신체는 조금 일어선다. 동시에 오른팔을 안으로 돌려서 도인(刀刃)이 앞으로 향하게 하고, 즉시 오른손을 뒤로부터 앞으로 향하여 평평하게 쳐들며, 도(刀)가 몸 측면을 지나게 하여 앞으로 향해 "걸어 올려(撩)" 공격하여, 도인(刀刃)이 위로 향하고, 왼손은 기세에 따라 도(刀)를 잡아서 오른쪽 겨드랑이 아래로 거두어들이며, 수심(手心)이 위로 향한다. 눈은 앞 방향을 바라본다. (그림 13)

(2) 오른발이 앞으로(東北) 향해 보(步)를 나가고, 양 다리는 조금 굽히며, 동시에 오른팔을 안으로 돌리며 팔꿈치를 굽혀 밖으로 벌리고, 오른손은 오른쪽 어깨 위에 오며, 왼손은 이에 따라 아래로 향하다 앞으로 향해 호형(弧形)으로 휘돌아 움직여 배 앞에 이르고, 양 손은 도(刀)가 위로 향하다 뒤로 향하도록 휘돌아가서, 도인(刀刃)이 뒤로 향한다.

(그림 13)

눈은 앞 방향을 바라본다. (그림 14)

(그림 14)

(3) 왼발이 앞으로(東北) 향하여 보(步)를 나가며, 중심(重心)이 앞으로 이동하고, 상체는 앞으로 기울어진다. 동시에 오른손은 뒤로 향하다 아

래로 향하며 앞으로 향해 휘돌아가고, 왼손은 위로 향하다 뒤로 향해 휘돌아가며, 양 손은 도(刀)가 위로부터 뒤로 향하다 아래로 향하도록 하여 몸 측면을 지나 앞으로(東北) 향해 도(刀)를 "걷어 올리고(撩)", 도(刀)는 어깨보다 약간 높고, 도인(刀刃)은 좌(左) 위로 향한다. 눈은 도(刀)를 바라본다. (그림 15)

(그림 15)

(4) 왼발이 땅을 박차고, 오른다리가 앞으로(東北) 향해 무릎을 굽혀 "치면서(擺動)" 신체가 공중으로 올라간다. 동시에 오른팔은 팔꿈치를 굽히고, 오른손은 위로 향하다 안으로 향하며 아래로 향해 휘돌아가서 가슴 앞에 이르고, 왼손은 아래로 향하다 앞으로 향하며 위로 향해 휘돌아가서 몸 좌측에 이르며, 양 손은 도(刀)가 앞으로 향하다 위로 향하고 안으로 향하며 아래로 향해 하나의 작은 권(圈)을 빙 돌게 하면서, 또한 한 바퀴를 뒤집어 돌려{작은 권을 돌릴 때 刀 자체를 돌려서 시종 刀刃이 운동방향으로 앞장서며 권을 돈다. : 역자註}, 도인(刀刃)이 앞으로

향한다. 눈은 앞 방향을 바라본다. (그림 16)

(5) 오른발이 땅에 내리고, 왼다리는 무릎을 굽혀 위로 들어올리며, 양 손이 도(刀)를 잡은 자세는 변하지 않는다. (그림 17)

(그림 16)

(그림 17)

(6) 왼발이 앞으로(東北) 향하여 땅에 내리고, 오른다리는 무릎을 꼿꼿이 곧게 펴서 좌궁보(左弓步)가 된다. 동시에 왼손은 왼쪽 허리부위에 거두어들이며, 오른팔은 앞으로 내밀고, 양 손은 도(刀)를 앞으로(東北) 향하여 "밀어(推)" 나간다. 눈은 앞 방향을 바라본다. (그림 18)

(그림 18)

요점

무화요도(舞花撩刀)는 기계(器械 : 병기)로써 신체를 이끌어 움직여야 하고, 도약(跳躍)동작이 요도(撩刀)와 연결되는 것은 긴밀히 연결되어 빈틈이 없어야 하며, 도약은 너무 높지 않고, 퇴도(推刀)는 빠르고 힘이 있어야 한다.

7. 회신찰도(回身扎刀)

(1) 신체를 우(右)로 90도 돌리고, 오른팔은 팔꿈치를 굽히며 안으로 돌리고, 왼팔은 조금 펴며 밖으로 벌리면서 도(刀)를 안으로 뒤집고, 양손은 도(刀)를 배 앞으로 끌어당기며, 도인(刀刃)이 우(右) 앞쪽 방향으로 향한다. 눈은 도(刀)를 바라본다. (그림 19)

(2) 중심(重心)을 앞으로 이동하며, 오른다리는 무릎을 굽히고, 왼다리는 곧게 펴서 우궁보(右弓步)가 된다. 동시에 오른팔은 안으로 돌리

(그림 19)

며, 왼손은 손목을 구부리고, 즉시 양 손이 도(刀)를 앞으로(西南) 향해 "찔러(扎)" 나가며, 도인(刀刃)이 우(右) 뒤쪽으로 향하고, 도첨(刀尖)은 높이가 어깨와 같으며, 왼팔 위팔뚝은 도간(刀杆)을 바짝 끼워 집는다. 눈은 도첨(刀尖)을 바라본다. (그림 20)

(그림 20)

요점

몸을 돌리는 동작과 도(刀)를 찌르는 동작은 연결되어 관통하며 빠르고 힘이 있어야 한다.

8. 제슬괘도(提膝掛刀)

오른다리가 땅을 박차며, 신체를 조금 일으킨다. 동시에 오른팔은 팔꿈치를 굽히며 뒤로 향해 "휘저어 이동하여서(擺動)" 몸의 우(右) 뒤에 이르고, 왼팔은 앞으로(西南) 내밀며, 도(刀)를 몸 뒤로 평평하게 "휘젓는다(擺)". 즉시 오른다리가 땅을 박차며 무릎을 굽혀 들어올리고, 왼다리는 곧게 펴며, 왼발을 축(軸)으로 삼아서 신체를 좌(左)로 90도 돌린다. 이와 동시에, 왼팔은 팔꿈치를 굽히며 위로 들어올리고, 왼손은 위로 향하다 안으로 향하여서 머리의 좌(左) 위쪽 방향에 이르며, 오른손은 아래로 향하다 앞으로 향하여서 호형(弧形)으로 휘돌아가서, 양 손은 도(刀)를 오른다리 외측(外側)에 "잡아채어(抄)", 몸 앞에 "드리우며(垂)", 도인(刀刃)이 우(右) 앞쪽 방향으로 향한다. 눈은 앞으로 바라본다. (그림 21)

(그림 21)

요점

몸 앞으로 도(刀)를 "움켜 채어 잡을(抄)" 때, 상체는 "가슴을 함축하고(含胸)" 또한 허리를 비트는 동작과 협조하여 일치해야 하며, 하나의 정경(整勁 : 온몸의 경이 완전무결하게 일체를 이루며, 병기도 몸의 일부가 되어 완정함을 이룬다)을 이룬다.

9. 행보대도(行步帶刀)

(1) 오른발이 우(右) 앞쪽으로 향하여(東) 보(步)를 내리고, 발끝을 밖으로 벌리며, 양 다리는 무릎을 굽히고, 양 손이 도(刀)를 잡은 자세는 변하지 않는다. (그림 22)

(2) 왼발이 우(右) 앞쪽으로 향하여(南) 보(步)를 나가고, 발끝을 안으로 꺾어 들이며, 오른발이 잇따라서 우(右) 앞쪽으로 향하여(西) 보(步)를 나가고, 발끝은 앞쪽 방향(西) 정면으로 마주한다. 제3보를 나가는 동시에, 왼팔은 팔꿈치를 굽혀 안으로 돌리며 아래로 내려 허리 옆에 오고, 양 손은 가슴 앞에서 도(刀)를 품어 안으며, 도인(刀刃)이 위로 향한다.

(그림 22)

요점

보(步)가 나갈 때, 신체의 중심(重心)은 안정되어야 하고, 높았다 낮았다 해서는 안 되며, 빠르고 침착되며 안정되어야 한다. 3보(혹은 5보)는 연결되어 관통해야 하며, 호형(弧形)운동을 이루어야 한다.

10. 격보찰도(擊步扎刀)

오른발이 땅을 박차며 앞으로 향해 뛰어오르고, 공중에서 왼발이 오른발을 부딪쳐 때리며, 기세에 따라서 왼손이 도(刀)를 보내고, 오른손은 손잡이가 미끄러지며, 도(刀)를 앞으로 "찔러(扎)" 나가서, 도인(刀刃)이 위로 향하고, 도첨(刀尖)이 앞으로 향한다. 눈은 도첨(刀尖)을 바라본다. (그림 23)

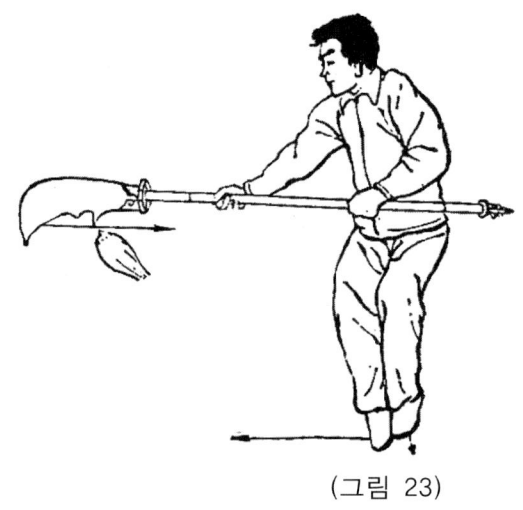

(그림 23)

요점

보(步)를 부딪쳐 때리는 동작과 도(刀)를 찌르는 동작은 동시에 완성한다.

11. 허보거도(虛步擧刀)

(1) 왼발이 땅에 내리고, 오른발이 몸 앞에서 잇따라 땅에 내리며, 양 다리는 무릎을 굽힌다. 양 손은 거두어들여서, 왼손은 몸 뒤로 도(刀)를 끌어당기고, 오른손은 배 앞으로 끌어당길 때 느슨히 잡으며, 기세에 따라서 손잡이가 미끄러져 도반(刀盤) 근처에 이르러 도(刀)를 움켜잡고, 도인(刀刃)이 위로 향한다. 눈은 앞으로 바라본다. (그림 24)

(그림 24)

(2) 왼발이 앞으로(西) 향해 보(步)를 나가고, 발끝을 안으로 꺾어 돌리며, 신체를 우(右) 뒤로 향하여 180도 돌리고, 오른다리는 조금 굽히며, 동시에 왼손은 손목을 쳐들어 팔을 굽혀 위로 들어올리고, 오른팔은 밖으로 돌리며, 도인(刀刃)을 돌려서 뒤로 향하게 한다. 눈은 도(刀)를 바라본다. (그림 25)

(그림 25)

(3) 오른발이 뒤로 향하여 보(步)를 물러나며, 신체는 우(右)로 90도 돌리고, 오른다리는 무릎을 굽혀 좌허보(左虛步)가 된다. 동시에 오른팔은 팔꿈치를 굽히며 어깨를 축(軸)으로 삼아서 몸 뒤로 휘돌리고, 왼손은 기세에 따라서 팔꿈치를 굽히며 아래로 내리고, 양 손은 도(刀)가 오

른다리 외측 뒤로 "걸어 올리게(掛)" 하며, 즉시 오른팔이 팔꿈치를 굽히며 위로 쳐들어서, 위 팔뚝은 어깨와 높이가 같고, 오른손은 머리와 같은 높이이며, 왼손은 계속하여 아래로 향하다 안으로 향해 휘돌아서 배 앞에 이르며, 기세에 따라서 위로 도(刀)를 쳐들어 올리고, 오른손은 느슨히 잡아 쥐어 손잡이가 미끄러지며, 도(刀)를 쳐들어 올려 오른쪽 어깨 앞에 세우고, 도인(刀刃)이 앞으로 향하며, 머리는 좌(左)로 돌린다. 눈은 좌(左)로 향하여 바라본다. (그림 26)

(그림 26)

요점

도(刀)를 "걸어 올리는(掛)" 동작과 몸을 돌리는 동작은 동시에 진행하여 일치되게 협조하고, 빠르며 힘이 있어야 한다. 허보(虛步)와 "도를 쳐들어 올리는(擧刀)" 동작은 동시에 완성한다.

12. 진보무화(進步舞花)

(1) 앞의 동작이 잠깐 멈춘다. 신체가 일어서며, 오른다리는 조금 굽히고, 왼다리는 곧게 펴며, 중심(重心)을 앞으로 이동한다. 동시에 오른

팔을 곧게 펴며 앞쪽 아래로 향해 내리고, 왼손은 오른쪽 옆구리 곁으로 거두어들여서, 양 손은 도(刀)를 앞쪽 아래로 향해 "후려 찍는다(劈)". 눈은 앞쪽 방향을 바라본다. (그림 27)

(그림 27)　　　　　　　(그림 28)

(2) 오른발이 앞쪽으로(東) 보(步)를 나가며, 신체를 좌(左)로 90도 돌리고, 왼손은 미끄러져 오른쪽 겨드랑이 아래에 이르며, 오른손은 몸을 돌림에 따라서 아래로 내려 몸 앞에 이르고, 양 손은 도(刀)를 계속하여 아래로 "후려 찍는다(劈)". 눈은 도(刀)를 바라본다. (그림 28)

(3) 왼발이 오른다리 뒤를 지나 우(右 : 東)로 향하여 삽보(插步)한다. 동시에 오른손은 도(刀)를 계속하여 좌(左)로 향하다 위로 향해 호형(弧形)으로 휘돌게 하고, 기세에 따라서 왼팔은 팔꿈치를 굽혀 아래로 내

린다. 눈은 도(刀)를 바라본다. (그림 29)

(그림 29)　　　　(그림 30)

(4) 오른발이 우(右 : 東)로 향하여 보(步)를 나가고, 양 다리는 조금 굽힌다. 동시에 오른팔은 조금 펴며, 오른손을 우(右) 아래로 내리고, 왼팔은 팔꿈치를 굽히며, 왼손을 우(右) 위로 휘돌려서, 양 손은 도(刀)를 계속하여 우(右)로 향하다 아래로 향해 휘돌게 하여, 도인(刀刃)이 우(右)로 향한다. 눈은 도(刀)를 바라본다. (그림 30)

요점

보(步)를 나가는 동작은 무화(舞花)동작과 보조를 맞추어서 협조하여 일치해야 한다. 무화(舞花)동작 시에 도(刀)는 몸 측면에서 세운 원(圓) 형태로 휘돌리고, 또한 연결되어 관통해야 한다.

13. 번신궁보벽도(翻身弓步劈刀)

(1) 양 다리는 무릎을 굽히며, 상체는 조금 앞으로 기울어진다. 양 손이 아래로 향해 도(刀)를 "찍어(劈)" 몸 옆에 이르러 허리와 같은 높이일 때, 오른발이 즉시 땅을 박차고, 왼다리는 무릎을 굽혀 위로 "휘저으며(攔)", 상체는 좌(左) 뒤로 향하여 비틀어 돌리며 신체를 공중으로 올리고, 또한 좌(左) 뒤로 향하여 뒤집어 돌면서 양 손은 도(刀)를 잡아 아래로 향하다 좌(左)로 향하며 위로 향해 뒤집어 돌리며 도(刀)를 빙 휘감아 돌린다. 눈은 우(右) 앞쪽 방향을 바라본다. (그림 31)

(그림 31)

(2) 왼발이 땅에 내리고, 오른발이 잇따라 앞으로(東) 향해 땅에 내리

(그림 32)

며, 왼다리는 곧게 펴고, 오른다리는 무릎을 굽혀 우궁보(右弓步)가 된다. 동시에 양 손은 도(刀)를 잡아 앞으로(東) 향하여 아래로 힘 있고 빠르게 "후려 찍어(劈)", 도인(刀刃)이 아래로 향하며, 도첨(刀尖)이 앞으로 향하고, 왼손은 팔꿈치를 굽혀 왼쪽 옆구리 아래에서 도(刀)를 잡으며, 오른팔은 조금 굽힌다. 눈은 도(刀)를 바라본다. (그림 32)

요점

양 다리를 조금 굽히는 동작은 뛰어오르는 동작과 연결되어 관통해야 하고, 무릎을 굽혀 되 퉁겨 오르는 동작은 다리를 박차고 도(刀)를 휘젓고 허리를 비틀고 팔을 이끄는 동작과 하나의 정경(整勁)을 이루어야 한다. 공중에 뛰어오른 몸은 조금 뒤로 기울어지며, 도(刀)는 신체를 따라서 세운 원(圓)으로 휘돌리고, 땅에 내리는 동작은 가벼이 날렵해야 한다.

14. 횡당보거도(橫襠步擧刀)

앞의 동작이 멈추지 않고, 상체는 좌(左)로 90도 돌리며, 오른다리는 무릎을 굽히고, 왼다리는 곧게 펴며, 관관절(髖關節 : 즉 胯부위 삳)은 아래로 앉혀서 횡당보(橫襠步)가 된다. 동시에 오른손은 도(刀)를 잡아 밖으로 돌리며 위로 쳐들고, 오른팔은 조금 굽히며, 왼팔은 팔꿈치를 굽혀 밀어서 배 앞에 이른다. 머리는 좌(左)로 돌리고, 눈은 좌(左)로 향하여 바라본다. (그림 33 正 反)

요점

허리를 비틀고 관골(髖骨)을 앉히는 동작은 도(刀)를 쳐드는 동작과 동시에 진행하여 일치되게 협조한다.

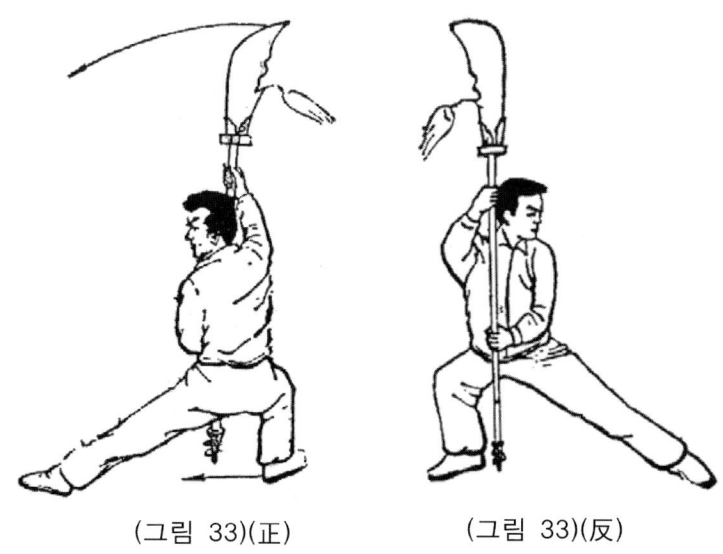

(그림 33)(正)   (그림 33)(反)

15. 진보무화(進步舞花)

(1) 앞의 동작이 잠깐 멈춘다. 신체가 일어서며, 왼다리는 조금 굽히고, 오른다리는 곧게 펴며, 앞으로 향해 활보(活步 ; 반보)하여 다가서고, 중심(重心)을 앞으로 이동한다. 동시에 오른팔을 아래로 내리며, 왼손은 오른쪽 옆구리 곁에 거두어들이고, 양 손은 도(刀)를 앞쪽 아래로 "후려 찍는다(劈)". 눈은 앞 방향을 바라본다. (그림 34)

(2) 오른발이 앞으로 향해 보(步)를 나가며, 신체를 좌(左)로 90도 돌리고, 왼손은 미끄러져 오른쪽 겨드랑이 아래에 이르며, 오른손은 몸을 돌림에 따라 아래로 내려서 몸 앞에 이르고, 양 손은 도(刀)를 계속하여 아래로 "후려 찍는다(劈)". 눈은 도(刀)를 바라본다. (그림 35)

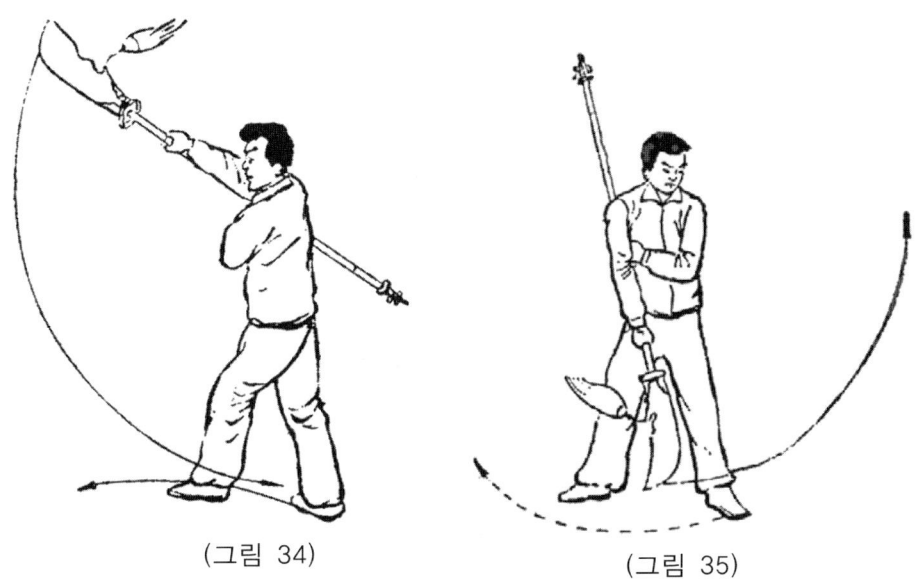

(그림 34)   (그림 35)

(3) 왼발이 오른발 앞을 지나 우(右 : 西)로 향해 보(步)를 나간다(蓋步). 동시에 오른손은 도(刀)를 계속하여 좌(左)로 향하다 위로 향해 호형(弧形)으로 휘돌리며, 기세에 따라서 왼팔은 팔꿈치를 굽혀 아래로

(그림 36)

내린다. 눈은 도(刀)를 바라본다. (그림 36)

(4) 오른발이 우(右 : 西)로 향해 보(步)를 나가고, 양 다리는 조금 굽힌다. 동시에 오른손은 우(右)로 향하다 아래로 향해 휘돌리며, 왼손은 좌(左)로 향하다 위로 향해 휘돌려서, 양 손은 도(刀)가 계속하여 우(右)로 향하다 아래로 향해 휘돌게 하며, 도인(刀刃)이 아래로 향한다. 눈은 도(刀)를 바라본다. (그림 37)

(그림 37)

요점

보(步)를 나가는 동작은 무화(舞花)동작과 보조를 맞추어 일치되게 협조해야 한다. 무화(舞花)동작 시에 도(刀)는 몸 측면에서 세운 원(圓) 형태로 휘돌리고, 또한 연결되어 관통해야 한다.

16. 번신궁보벽도(翻身弓步劈刀)

　(1) 양 다리는 무릎을 굽히고, 상체는 조금 앞으로 기울어지며, 양 손은 아래로 향해 도(刀)를 "후려 찍어(劈)" 몸 측면에 이르러 허리와 같은 높이가 될 때, 오른발이 즉시 땅을 박차고, 왼다리는 무릎을 굽혀 위로 휘저어 올리며, 상체는 좌(左) 뒤로 향하여 비틀어 돌려서 신체가 공중에 뛰어오르게 하고 또한 좌(左) 뒤로 향하여 뒤집어 돌며, 양 손은 도(刀)를 잡아 아래로 향하다 좌(左)로 향하며 위로 향해 뒤집어 돌려서 도(刀)를 빙 휘감아 돌린다. 눈은 앞쪽 위 방향을 바라본다. (그림 38)

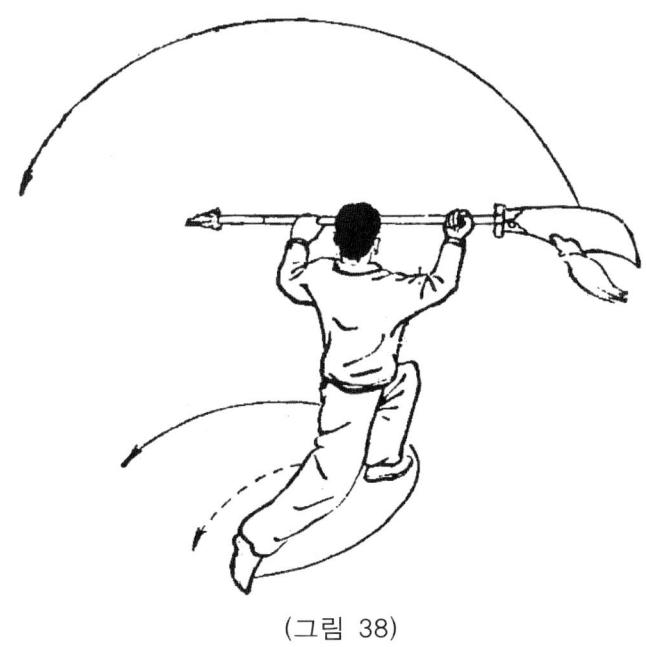

(그림 38)

　(2) 왼발이 땅에 내리고, 오른발이 잇따라 앞으로(西) 향해 땅에 내리며, 왼다리는 곧게 펴고, 오른다리는 무릎을 굽혀 우궁보(右弓步)가 된다. 동시에 양 손은 도(刀)를 앞으로(西) 향하여 아래로 힘 있고 빠르게

"후려 찍어(劈)", 도인(刀刃)이 아래로 향하며, 도첨(刀尖)이 앞으로 향하고, 왼손은 팔꿈치를 굽혀 배 앞에서 도(刀)를 잡으며, 오른팔은 조금 굽힌다. 눈은 도(刀)를 바라본다. (그림 39)

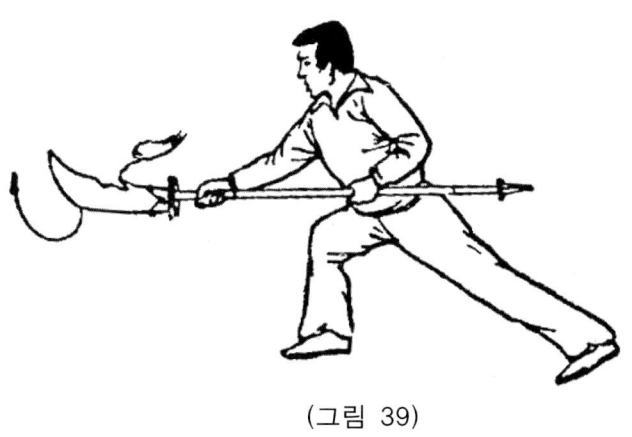

(그림 39)

요점

양 다리를 조금 굽히는 동작은 뛰어오르는 동작과 연결되어 관통해야 하고, 무릎을 굽혀 되 퉁겨 오르는 동작은 다리를 박차고 도(刀)를 휘젓고 허리를 비틀고 팔을 이끄는 동작과 하나의 정경(整勁)을 이루어야 한다. 공중에 뛰어오른 몸은 조금 뒤로 "젖히며(仰)", 도(刀)는 신체를 따라서 세운 원(圓)으로 휘돌리고, 땅에 내리는 동작은 가벼이 날렵해야 한다.

17. 삼헌도(三獻刀)

(1) 오른팔은 조금 굽히고, 오른손은 어깨관절을 축(軸)으로 삼아서, 아래로 향하다 위로 향해 휘돌리며, 이와 동시에 오른팔은 점차 밖으로 돌리며 손목을 굽혀 안으로 "꺾어 다잡고(扣)", 왼손은 느슨히 잡아 변

동이 없으며, 양 손은 도(刀)를 아래로 향하다 밖으로 향하며 위로 향해 호형(弧形)으로 "잡아채고(抄)", 왼손 수심(手心)이 위로 향하며, 오른손 수심(手心)이 밖으로 향하고, 도간(刀杆)은 오른팔 아래팔뚝 위에 놓아 두며, 도인(刀刃)이 우(右) 위로 향하고, 머리보다 약간 높다. 눈은 도(刀) 를 바라본다. (그림 40)

(그림 40)

(2) 하지(下肢)는 변동이 없고, 왼손은 아래로 향하다 밖으로 향해 작은 호(弧 : 곡선)를 그리며 휘돌고, 즉시 손목을 뒤틀어 쳐들며, 오른손

(그림 41)

은 느슨히 잡아서, 오른손을 지렛목으로 삼아 도(刀)가 시계방향으로 휘돌게 하여, 도인(刀刃)이 좌(左)로 향한다. 눈은 도(刀)를 바라본다. (그림 41)

(3) 하지(下肢)는 변동이 없고, 상체는 좌(左)로 비틀어 돌리며, 왼팔은 안으로 거두어들여 품어 안아서 왼쪽 옆구리 근처에 이르고, 오른팔은 좌(左) 앞쪽으로 곧게 펴며, 양 손은 도(刀)를 좌(左)로 향하여 수평으로 "벤다(斬)". 눈은 도(刀)를 바라본다. (그림 42)

(그림 42)

(4) 하지(下肢)는 변동이 없고, 왼손은 손목을 뒤틀며, 도(刀)를 뒤집어 돌게 하여, 도인(刀刃)이 우(右)로 향하고, 즉시 상체를 우(右)로 비틀어 돌리며, 왼팔은 좌(左) 앞쪽으로 곧게 펴고, 오른팔은 몸을 돌림에 따라서 거두어들여 허리부위에 이르며, 양 손은 도(刀)를 우(右) 뒤쪽으로 향하여 수평으로 "베고(斬)", 높이는 허리와 같다. 눈은 앞쪽으로 바라본다. (그림 43)

(5) 왼발이 앞으로(西) 향해 반보(半步)를 나가고, 왼다리는 무릎을 굽히며, 신체는 조금 일어서고, 상체는 우(右)로 비틀어 돌리며, 오른발은 허보(虛步)가 되어 지면에 닿는다. 동시에 왼팔은 팔꿈치를 굽히며 도(刀)를 이끌어 위로 쳐들어 왼쪽 어깨 앞에 이르고, 왼손은 손목을 뒤집으며, 오른손은 느슨히 잡아 변동이 없고, 도인(刀刃)이 아래로 향한다. (그림 44)

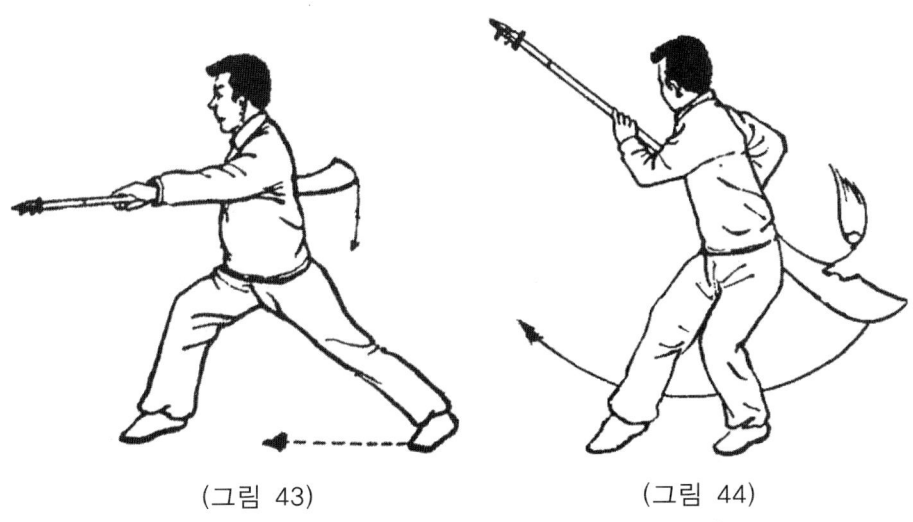

(그림 43)　　　　(그림 44)

(6) 양 다리가 무릎을 굽혀 우허보(右虛步)가 된다. 동시에 왼팔은 팔꿈치를 굽혀 위로 쳐들어 귀 옆에 이르고, 수심(手心)이 비스듬히 위로 향하며, 도(刀)를 반쯤 움켜잡고, 오른손은 팔을 굽혀 앞으로 "휘저어 벌여서(攊)", 양 손은 도(刀)를 대퇴(大腿)의 바깥 측면을 따라 앞으로 "밀어서(推)" 몸 앞에 이르게 하여 비스듬히 쳐든다. 눈은 도(刀)를 바라본다. (그림 45)

(7) 신체의 중심(重心)을 앞으로 이동하고, 왼발이 앞으로 향해 근보(跟步: 반보를 좇아간다)한다. 왼팔을 앞으로 "밀며(推)", 왼손은 손목을

(그림 45)　　　　　(그림 46)

굽히고, 오른팔은 밖으로 돌려서, 도(刀)를 뒤집어 돌게 하여, 도인(刀刃)이 뒤쪽으로 향한다. (그림 46)

(8) 왼발이 앞으로(西) 향하여 보(步)를 나가고, 허보(虛步)가 되어 지면에 닿으며, 왼다리는 조금 굽힌다. 동시에 왼팔은 팔꿈치를 굽혀 아래로 내리고, 오른팔은 팔꿈치를 굽혀 뒤로 휘돌리며, 양 손은 도(刀)를 뒤로 향하다 위로 향해 신체의 우측(右側)을 따라 세워 휘돌게 하여서 몸 뒤에 이르고, 도인(刀刃)이 위로 향한다. 눈은 앞 방

(그림 47)

향을 바라본다. (그림 47)

(9) 양 다리는 무릎을 굽혀 좌허보(左虛步)가 된다. 동시에 왼손은 아래로 향하다 안으로 향해 거두어들여 오른쪽 겨드랑이 아래에 이르고, 오른손은 위로 향하다 앞으로 향해 휘돌아 몸 앞에 이르며, 양 손은 도(刀)를 위로 향하다 앞으로 향하게 하여 수평으로 "후려 찍는다(劈)". 눈은 도(刀)를 바라본다. (그림 48)

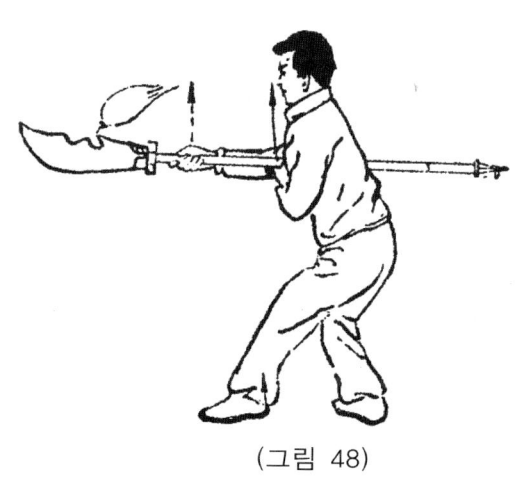

(그림 48)

18. 번신궁보찰도(翻身弓步扎刀)

(1) 양 다리가 무릎을 굽혀 반쯤 웅크려 앉으며, 왼발은 발꿈치를 들어올리고, 신체는 우(右) 뒤로 향하여 180도 돌린다. 오른팔은 안으로 돌리며 팔꿈치를 굽히고, 양 팔은 위로 들어올린다. 몸을 돌림과 동시에, 도(刀)를 들어올려 머리 정수리를 넘고, 도인(刀刃)이 위로 향하며, 도신(刀身)은 수평을 이룬다. 눈은 도준(刀鐏)을 바라본다. (그림 49)

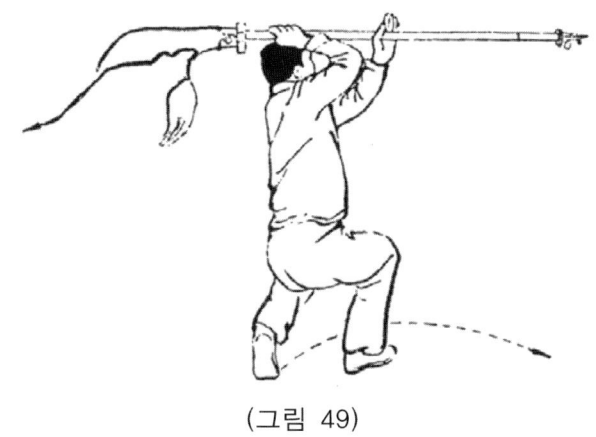

(그림 49)

(2) 신체는 계속하여 우(右) 뒤로 향하여 180도 돌아 움직이고, 즉시 왼발이 앞으로 향해 보(步)를 나가고, 오른다리는 무릎을 굽혀 우궁보(右弓步)가 된다. 동시에 양 손은 앞으로 내밀며, 도(刀)를 앞으로 향하여 "찔러(扎)" 나가고, 오른팔은 곧게 펴며, 수심(手心)이 위로 향하여 도(刀)를 받쳐들고 느슨히 잡으며, 왼팔은 팔꿈치를 굽혀 옆구리 앞에서 도(刀)를 끼워 잡고, 왼손이 가슴 앞에 있으며, 도인(刀刃)이 위로 향한다. 눈은 도(刀)를 바라본다. (그림 50)

(그림 50)

요점

뒤집어 돌릴 때 상체는 뒤로 굽혀 "세로 축(縱軸)"의 회전운동을 이루며, 보(步)를 나가는 동작과 도(刀)를 찌르는 동작은 동시에 완성한다.

19. 퇴보무화(退步舞花)

(1) 오른다리는 무릎을 꼿꼿이 곧게 펴며, 왼발은 앞으로 향해 활보(活步 ; 반보)로 다가서 높은 우허보(右虛步)가 된다. 동시에 오른팔은 팔꿈치를 굽히며, 오른손을 머리 앞으로 거두어들이고, 왼팔은 앞으로 내밀며, 양 손은 도(刀)를 위로 향하다 뒤로 향해 휘돌려서 머리의 뒤쪽 위 방향에 이르고, 도인(刀刃)이 뒤로 향하며, 상체는 조금 뒤로 젖힌다. 눈은 앞 방향을 바라본다. (그림 51)

(그림 51)

(2) 오른다리가 뒤로(東北) 향하여 보(步)를 물러나며, 무릎을 조금 굽히고, 왼다리는 곧게 편다. 동시에 왼팔은 팔꿈치를 굽히며, 왼손을 오른쪽 겨드랑이 아래로 거두어들이고, 오른손은 뒤로 향하다 아래로 향하며 앞으로 향해 휘돌리고, 오른팔은 조금 내밀어 앞으로 쳐들어서, 양 손은 도(刀)를 뒤로 향하다 아래로 향하며 앞으로 향하고 위로 향해 휘돌게 하여 몸 앞쪽 위 방향에 이르고, 도인(刀刃)이 앞쪽 위로 향하며, 상체는 조금 뒤로 젖힌다. 눈은 도(刀)를 바라본다. (그림 52)

(그림 52)

(3) 왼발이 뒤쪽으로(東北) 향하여 보(步)를 물러난다. 동시에 왼손이 오른쪽 겨드랑이 아래로부터 앞쪽 아래로 향해 미끄러져 이동하며, 오른팔은 위로 향하다 뒤로 향해 휘돌리고, 오른팔은 팔꿈치를 굽혀서, 양 손은 도(刀)를 계속하여 위로 향하다 뒤로 향해 휘돌려 몸 우(右) 앞쪽 위 방향에 이르고, 도인(刀刃)이 우(右) 앞쪽 아래 방향으로 향한다. 상체는 조금 우(右)로 비틀어 돌린다. (그림 53)

(그림 53)

(4) 오른발이 우(右 : 東北)로 향하여 1보를 성큼 건너 나가며, 상체를 우(右)로 돌리고, 양 다리는 무릎을 굽힌다. 동시에 양 손은 도(刀)를 아래로 "후려 찍고(劈)", 도인(刀刃)이 아래로 향하며, 도(刀)는 높이가 허리와 같다. 눈은 도(刀)를 바라본다. (그림 54)

(그림 54)

요점

무화(舞花) 동작 시에 도(刀)는 몸 측면에서 세운 원(圓)을 이루며 휘돌리고, 동작은 연결되어 관통해야 한다. 상지(上肢)와 하지(下肢)는 보조를 맞추어서 협조하여 일치해야 한다.

20. 번신궁보벽도(翻身弓步劈刀)

(1) 양 다리는 무릎을 굽혀 아래로 웅크려 앉으며, 양 손은 도(刀)를 잡아 조금 아래로 "후려 찍고(劈)", 즉시 오른발이 땅을 박차며, 왼다리는 무릎을 굽혀 위로 "휘저어(攔)" 올리고, 상체는 좌(左) 뒤쪽 위로 향하여 비틀어 돌려서 신체를 공중에 오르게 하며, 도(刀)는 이에 따라 위치를 이동한다. 눈은 도(刀)를 바라본다. (그림 55)

(그림 55)

(2) 왼발이 땅에 내리고, 오른발이 잇따라 앞으로(東北) 향해 땅에 내려 우궁보(右弓步)가 된다. 양손은 도(刀)를 아래로 "후려 찍고(劈)", 도첨(刀尖)은 높이가 어깨와 같으며, 도인(刀刃)은 아래로 향한다. 눈은 도(刀)를 바라본다. (그림 56)

(그림 56)

요점

양 다리를 조금 굽히는 동작은 뛰어오르는 동작과 연결되어 관통해야 하고, 무릎을 굽혀 되 퉁겨 오르는 동작은 다리를 박차고 도(刀)를 휘젓고 허리를 비틀고 팔을 이끄는 동작과 하나의 정경(整勁)을 이루어야 한다. 공중에 뛰어오른 몸은 조금 뒤로 "젖히며(仰)", 도(刀)는 신체를 따라서 세운 원(圓)으로 휘돌리고, 땅에 내리는 동작은 가벼이 날렵해야 한다.

21. 허보납도(虛步拉刀)

오른다리가 땅을 박차며, 중심(重心)을 왼다리로 이동하고, 오른발은 거두어들여 우허보(右虛步)가 된다. 동시에 오른팔을 거두어들이며, 팔꿈치를 굽혀 안으로 거두고, 왼팔은 팔꿈치를 굽혀 뒤로 "벌여놓으며(攞)", 왼손은 느슨히 잡아서, 양 손은 도(刀)를 뒤집어 돌게 하여, 이에 따라 도(刀)를 몸 앞으로 "끌어당기고(拉)", 도인(刀刃)이 위로 향한다. 눈은 앞쪽으로 바라본다. (그림 57)

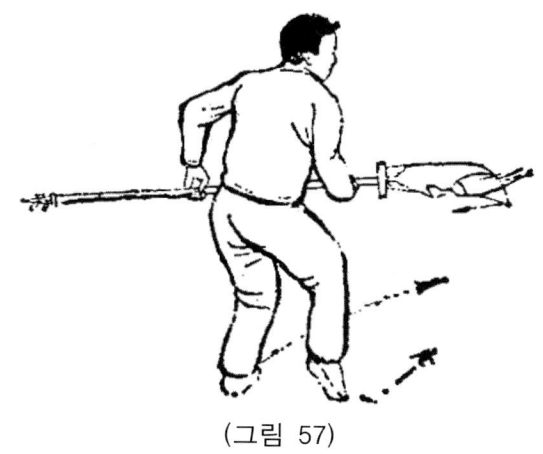

(그림 57)

22. 도보궁보찰도(跳步弓步扎刀)

(1) 오른발이 앞으로 향해 활보(活步)를 나가고, 즉시 땅을 박차며, 왼다리는 무릎을 굽혀 앞으로 "휘저으며(擺)", 신체를 공중에 뛰어 올린다. 동시에 양 손은 계속하여 도(刀)를 "끌어당겨서(拉)" 가슴 앞에 품어 안는다. 눈은 도(刀)를 바라본다. (그림 58)

(그림 58)

(2) 왼발이 땅에 내리고, 오른발은 몸 앞에서(東北) 잇따라 땅에 내리며, 오른다리는 무릎을 굽혀 우궁보(右弓步)가 된다. 동시에 양 손은 도(刀)를 앞으로 향하여 "찔러(扎)" 공격하고, 도인(刀刃)이 좌(左) 위로 향한다. 눈은 도(刀)를 바라본다.(그림 59)

(그림 59)

요점

뛰어올라 나가는 동작은 "멀어야(遠)" 하고, 땅에 내리는 동작은 "날렵해야(輕)" 하며, 찰도(扎刀)는 빠르고 힘이 있어야 하며, 양 손은 도(刀)를 단단히 힘껏 잡아야 한다.

23. 삼헌도(三獻刀)

(1) 오른팔은 조금 굽히면서, 오른손은 어깨관절을 축(軸)으로 삼아서, 아래로 향하다 위로 향해 휘돌린다. 이와 동시에 오른팔은 점차 밖으로 돌리며 손목을 굽혀 안으로 "꺾어 다잡고(抝)", 왼손은 느슨히 잡아 움직이지 않으며, 양 손은 도(刀)를 아래로 향하다 밖으로 향하며 위

(그림 60)

로 향해 호형(弧形)으로 "잡아채고(抄)", 왼손 수심(手心)이 위로 향하며, 오른손 수심(手心)이 밖으로 향하고, 도간(刀杆)은 오른팔 아래팔뚝 내측(內側)에 놓아두며, 도인(刀刃)이 아래로 향하고, 머리보다 약간 낮다. (그림 60)

(2) 왼손을 아래로 향하다 밖으로 향해 호형(弧形)으로 휘돌린 후 즉시 손목을 치켜들며, 오른손은 느슨히 잡아서, 오른손 수심(手心)을 지렛목으로 삼아 도(刀)가 시계방향으로 휘돌게 하여, 도(刀)를 뒤집어 돌려서, 도인(刀刃)이 좌(左) 위로 향한다. 눈은 도(刀)를 바라본다. (그림 61)

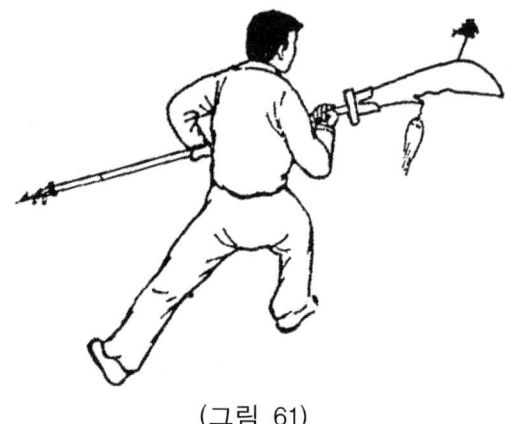

(그림 61)

(3) 하지(下肢)는 변동이 없고, 상체는 좌(左)로 비틀어 돌리며, 왼팔은 안으로 거두어들여 품어 안아서 왼쪽 옆구리 근처에 이르고, 오른팔은 좌(左) 앞쪽으로 곧게 펴며, 양 손은 도(刀)를 좌(左)로 향하여 수평으로 "벤다(斬)". 눈은 도(刀)를 바라본다. (그림 62)

(4) 하지(下肢)는 변동이 없고, 왼손은 손목을 뒤집으며, 도(刀)를 뒤집어 돌게 하여서, 도인(刀刃)이 우(右)로 향하고, 즉시 상체를 우(右)로 비틀어 돌리며, 왼팔은 좌(左) 앞쪽으로 곧게 펴고, 오른팔은 몸을 돌림에 따라서 거두어들여 오른쪽 허리부위에 이르며, 양 손은 도(刀)를 우(右) 뒤쪽으로 향하여 수평으로 "베고(斬)", 높이는 허리와 같다. 눈은 도(刀)를 바라본다. (그림 63)

(그림 62)　　　　　(그림 63)

(5) 왼발이 앞으로 향해 반보(半步)를 나가고, 왼다리는 무릎을 굽히며, 신체는 조금 일어서고, 상체는 우(右)로 비틀어 돌리며, 오른발은 허보(虛步)가 되어 지면에 닿는다. 동시에 왼팔은 팔꿈치를 굽히며 도(刀)

를 이끌어 위로 쳐들고, 왼손은 손목을 뒤틀며, 오른손은 느슨히 잡아 변동이 없고, 도인(刀刃)이 아래로 향한다. 눈은 도(刀)를 바라본다. (그림 64)

(6) 양 다리가 무릎을 굽혀 우허보(右虛步)가 된다. 동시에 왼팔은 팔꿈치를 굽혀 위로 쳐들어 왼쪽 귀 옆에 이르고, 수심(手心)이 비스듬히 위로 향하며 반쯤 움켜잡고, 오른손은 팔을 굽혀 앞으로 "휘저어 벌여서(擺)", 양 손은 도(刀)를 대퇴(大腿)의 바깥 측면을 따라 앞으로 "밀어서(推)" 몸 앞에 이르게 하여 비스듬히 쳐든다. 눈은 도(刀)를 바라본다. (그림 65)

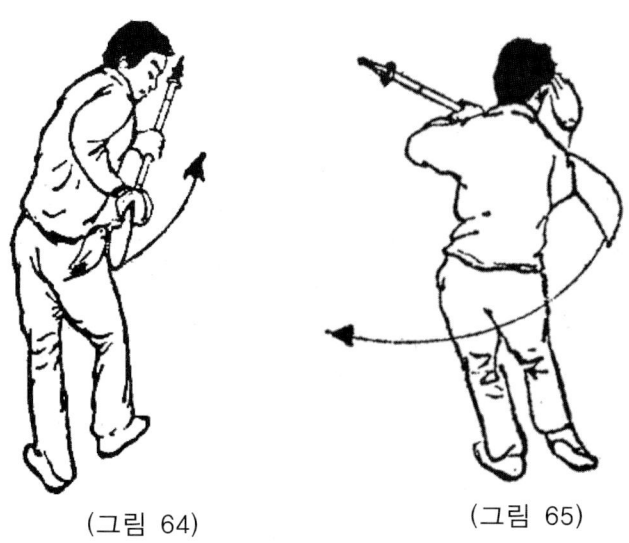

(그림 64)　　　　(그림 65)

(7) 하지(下肢)는 변동이 없고, 왼팔을 앞으로 "밀며(推)", 왼손은 손목을 굽히고, 오른팔은 아래로 내리며 밖으로 돌려서, 도(刀)를 뒤집어 돌게 하여, 도인(刀刃)이 뒤쪽으로 향한다. (그림 66)

(8) 왼발이 앞으로 향하여 보(步)를 나가고, 발끝이 허보(虛步)가 되어 지면에 닿으며, 양 다리는 무릎을 굽혀 좌허보(左虛步)가 된다. 동시에 왼손은 아래로 향하다 안으로 거두어들여 오른쪽 겨드랑이 아래에 이르고, 오른손은 위로 향하다 앞으로 향해 휘돌려서 몸 앞에 이르며, 양손은 도(刀)를 위로 향하다 앞으로 향해 수평으로 "후려 찍는다(劈). 눈은 도(刀)를 바라본다. (그림 67)

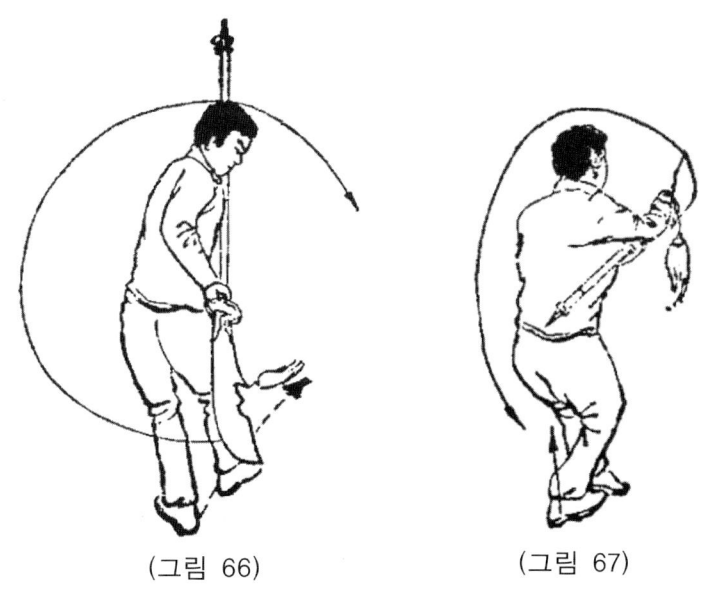

(그림 66)　　　　　(그림 67)

24. 전신괘도(轉身掛刀)

(1) 오른다리가 땅을 박차고 무릎을 굽혀 들어올리며, 신체는 우(右) 뒤로 몸을 180도 돌린다. 동시에 오른팔은 팔꿈치를 굽히고 밖으로 돌리며 위로 향하다 뒤로 향해 휘저어 돌리고, 왼팔은 아래로 향하다 앞으로 향하며 위로 향해 휘돌려 팔꿈치를 굽혀 왼쪽 어깨 위로 이동하고,

양 손은 도(刀)를 밖으로 뒤집어 돌리며, 즉시 위로 향하다 뒤로 향하며 아래로 향해 괘도(掛刀 : 도를 걸어놓듯 드리운다)하여 몸 옆에 이르고, 도인(刀刃)이 뒤로 향한다. 눈은 앞쪽 아래 방향을 바라본다. (그림 68)

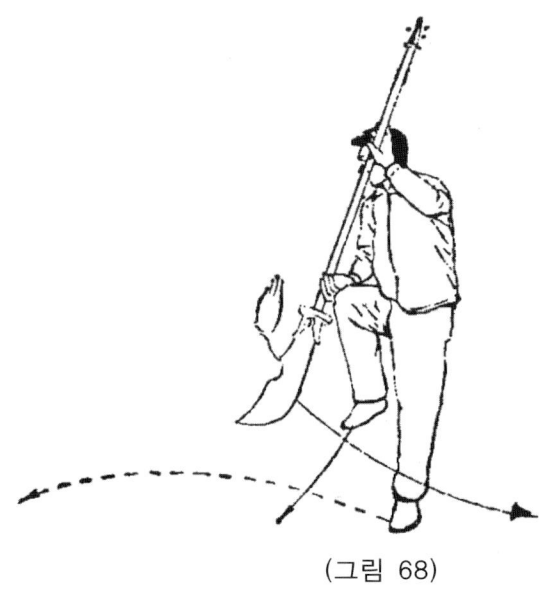

(그림 68)

(2) 오른발을 땅에 내리고, 왼발은 앞으로(東) 향하여 보(步)를 나가며 무릎을 굽혀 좌궁보(左弓步)가 된다. 동시에 왼팔은 팔꿈치를 굽혀 아래로 내려서 왼쪽 가슴 앞에 이르고, 오른팔은 계속하여 뒤로 휘저어 곧게 펴며 몸 뒤로 쳐들고, 양 손은 도(刀)를 계속하여 뒤로 "드리워서(掛)" 도신(刀身)이 오른다리와 평행하게 되도록 하며, 도인(刀刃)이 뒤쪽 위 방향으로 향한다. 눈은 도(刀)를 따르다가, 자세가 완성되었을 때 돌연히 머리를 좌(左)로 돌리고, 눈은 앞쪽 방향을 바라본다. (그림 69)

요점

몸을 돌리는 동작과 보(步)를 나가서 궁보(弓步)가 되는 동작은 연결되어 관통해야 하고, 괘도(掛刀)는 오른다리 외측(外側)에 접근하며, 도(刀)는 몸을 따라 돌면서 세운 원(圓)을 이루며 휘돌린다.

(그림 69)

25. 도보궁보퇴도(跳步弓步推刀)

(1) 왼다리가 땅을 박차며, 오른발이 앞으로 향해 활보(滑步 ; 반보)하여 미끄러지고, 신체는 조금 일어선다. 동시에 오른팔은 안으로 돌려 도인(刀刃)이 앞으로 향하게 하며, 즉시 오른손이 뒤로부터 앞쪽 위로 향해 휘돌아서, 도(刀)가 몸 측면을 지나 앞으로 향해 "걷어올려(撩)" 공격하고, 도인(刀刃)이 위로 향한다. 왼손은 기세에 따라 도(刀)를 잡아 왼쪽 옆구리 곁으로 거두어들이고, 수심(手心)이 위로 향한다. 눈은 앞 방향을 바라본다. (그림 70)

(2) 오른발이 앞으로(西) 향하여 보(步)를 나가고, 오른다리는 조금 굽힌다. 동시에 오른팔은 안으로 돌리며 팔꿈치를 굽히고 위로 향하다 뒤로 향해 휘돌아 몸 뒤에 이르며, 왼손은 이에 따라 아래로 향하다 앞으

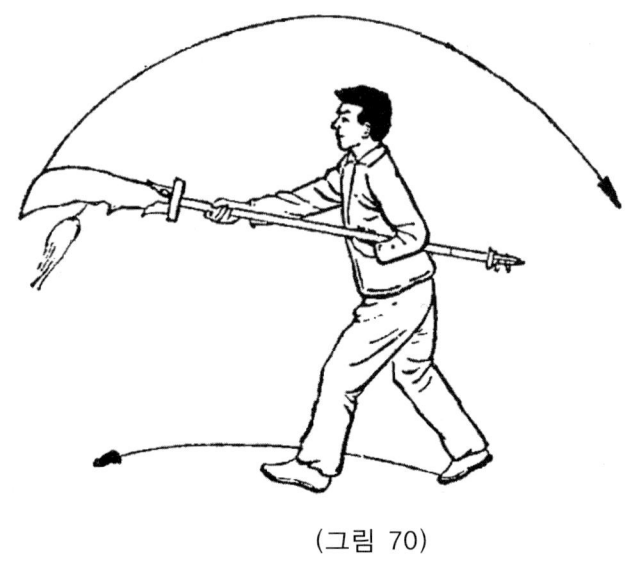

(그림 70)

로 향해 호형(弧形)으로 휘돌아 가슴 앞에 이르고, 양 손은 도(刀)를 위로 향하다 뒤로 향해 휘돌려서, 도인(刀刃)이 뒤로 향한다. 눈은 앞 방향을 바라본다. (그림 71)

(그림 71)

(3) 왼발이 앞으로 향해 보(步)를 나가고, 중심(重心)을 앞으로 이동하며, 오른다리는 무릎을 굽히고, 오른발이 땅에서 떨어지며, 상체는 앞으로 기울어진다. 동시에 오른손은 뒤로 향하다 아래로 향하며 앞으로 향해 휘돌리고, 왼손은 위로 향하다 밖으로 향해 휘돌아서, 양 손은 도(刀)를 위로부터 뒤로 향하다 아래로 향해 몸 측면을 지나 앞으로 향하여 도(刀)를 "걷어올리고(撩)", 도(刀)는 어깨보다 약간 낮으며, 도인(刀刃)이 위로 향한다. 눈은 도인(刀刃)을 바라본다. (그림 72)

(그림 72)

(4) 왼발이 땅을 박차고, 오른다리를 앞쪽 위로 향해 "휘저어 치며(擺動)", 신체를 공중에 올린다. 동시에 오른팔이 팔꿈치를 굽히며, 오른손은 위로 향하다 안으로 향해 휘돌아 가슴 앞에 이르고, 왼손은 아래로 향하다 앞으로 향하며 위로 향해 휘돌아 몸 좌측(左側)에 이르고, 양 손은 도(刀)를 공중에서 앞으로 향하다 위로 향하며 안으로 향하고 아래로 향해 하나의 작은 권(圈)을 휘돌게 하여서(도를 뒤집어 돌린다), 도인(刀刃)이 앞으로 향한다. 눈은 앞 방향을 바라본다. (그림 73) (그림의 방향이 반대이며, 양 손이 도를 잡는 자세도 좌우가 반대이다. : 역자註)

(그림 73)

　(5) 오른발이 땅에 내리고, 왼발이 잇따라 앞으로 향해 땅에 내리며, 오른다리는 무릎을 꼿꼿이 하여 곧게 펴서 좌궁보(左弓步)가 된다. 동시에 왼손은 왼쪽 허리부위로 거두어들이고, 오른팔은 앞으로 내밀어서, 양 손은 도(刀)를 앞으로 "밀어(推)" 나간다. 눈은 앞 방향을 바라본다. (그림 74)

(그림 74)

요점

무화(舞花)와 요도(撩刀)는 기계(器械)로써 신체를 이끌어 움직여야 하고, 도약(跳躍)동작과 요도(撩刀)동작의 연결은 빈틈없이 긴밀해야 한다. 도약은 너무 높지 않아야 하고, 도(刀)를 밀어나가는 동작은 빠르며 힘이 있어야 한다.

26. 제슬찰도(提膝扎刀)

(1) 왼다리가 땅을 박차고, 신체를 우(右)로 90도 돌리며(얼굴이 東쪽으로 향한다), 양 다리는 무릎을 굽힌다. 동시에 오른팔은 팔꿈치를 굽히며, 몸을 돌림에 따라서 양 손은 도(刀)를 우(右) 뒤로 향하여 평평하게 "휘저어서(攞)", 도인(刀刃)이 앞으로 향한다. 눈은 도(刀)를 바라본다. (그림 75)

(2) 왼발이 앞으로(東) 향하여 보(步)를 건너간다. 동시에 오른팔은 안으로 돌리며 앞으로 내밀고, 왼손은 손목을 굽혀서, 양 손은 도(刀)를 안

(그림 75)

으로 뒤집어 돌게 하여 "덮어 누르며(蓋)", 이에 쫓아 앞으로 향하여 도(刀)를 "찌르고(扎)", 도인(刀刃)이 우(右)로 향한다. 눈은 도(刀)를 바라본다. (그림 76)

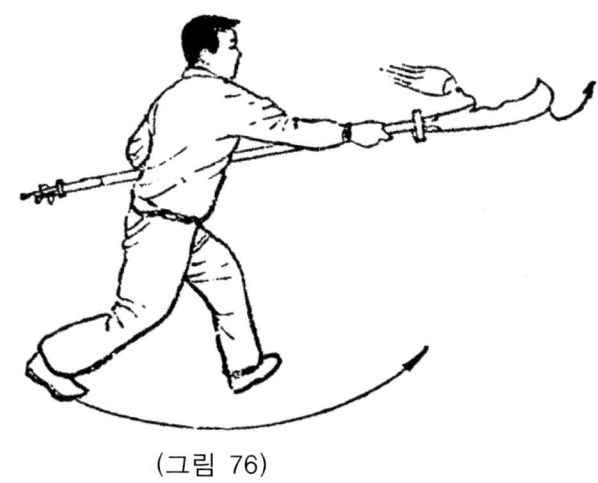

(그림 76)

(3) 오른발이 앞으로(東) 향하여 보(步)를 나가고, 양 다리는 조금 굽힌다. 동시에 양 손은 도(刀)를 밖으로 뒤집어 돌려서, 도인(刀刃)이 앞으로 향한다. 눈은 도(刀)를 바라본다. (그림 77)

(그림 77)

(4) 오른다리가 땅을 박차며 곧게 펴고, 왼다리는 무릎을 굽혀 들어올려서 좌독립(左獨立)의 평형을 이룬다. 동시에 오른팔은 몸 앞에서 앞으로 내밀고, 왼팔은 팔꿈치를 굽히며 위로 들어올려 왼쪽 가슴 앞에 이르러서, 양 손은 도(刀)를 앞으로(東) 향하여 "찔러(扎)" 공격한다. 눈은 도(刀)를 바라본다. (그림 78)

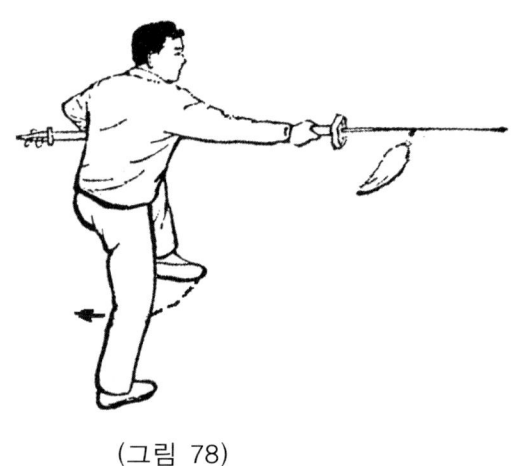

(그림 78)

요점

몸을 돌리며 "휩쓰는(掃擺)" 동작과 보(步)를 나가며 도(刀)를 뒤집는 동작은 연결되어 관통해야 한다. 무릎은 높이 들어올려야 하고, 가능한 한 흉부에 바짝 다가가야 하며, 발등은 팽팽하게 잡아당겨 평평히 하고, 찰도(扎刀)는 빠르며 힘이 있어야 한다.

27. 행보대도(行步帶刀)

(1) 왼발은 좌(左) 앞쪽으로(北) 향하여 땅에 내리고, 발끝을 밖으로 벌리며, 오른다리는 조금 굽힌다. 양 손은 변동이 없다. (그림 79)

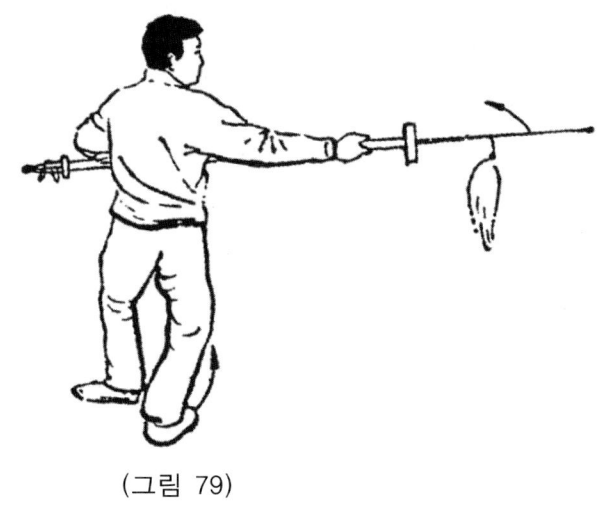

(그림 79)

(2) 오른발이 좌(左) 앞쪽으로 향하여 보(步)를 나가고, 왼발이 다시 좌(左) 앞쪽으로(北) 향하여 보(步)를 나가며, 오른발이 다시 좌(左) 앞쪽으로(西北) 향하여 큰 1보(步)를 나가고, 오른다리는 무릎을 굽힌다. 양 손은 도(刀)를 잡고서 이에 따라 위치를 이동한다. 눈은 도(刀)를 바라본다. (그림 80)

요점 (그림 80)

앞의 3보는 연결되어야 하고, 보폭(步幅)은 균일하며, 중심(重心)은 안정되어야 한다.

28. 횡당보거도(橫襠步擧刀)

신체를 좌(左)로 돌리고, 오른다리는 무릎을 굽히며, 왼다리는 곧게 펴서 횡당보(橫襠步)가 된다. 동시에 오른팔은 팔꿈치를 굽히고, 오른손은 위로 쳐들어 귀 옆에 오며, 왼팔은 아래로 내려서, 양손은 도(刀)를 몸 옆에 쳐들고, 머리는 좌(左)로 돌린다. 눈은 좌(左)로 바라본다. (그림 81)

요점

몸을 돌리고, 머리를 돌리며, 도(刀)를 위로 쳐들고, 횡당보(橫襠步)가 되는 동작은 동시에 진행한다.

(그림 81)

29. 진보우요도(進步右撩刀)

(1) 오른다리는 박차며 곧게 펴고, 왼다리는 무릎을 굽혀 들어올리며, 신체는 일어선다. 동시에 왼팔은 팔꿈치를 굽히며 아래로 내리고, 왼손은 느슨히 잡아서 도간(刀杆)을 따라 아래로 미끄러져 이동하며, 이에 쫓아 오른팔을 안으로 돌리며 비스듬히 위로 쳐들어서, 도(刀)를 뒤로 향해 뒤집어 돌리며 몸의 우(右) 위 방향으로 쳐든다. 눈은 아래로 내려다본다. (그림 82)

(2) 왼발이 좌(左 : 東南)로 향하여 보(步)를 내리고, 오른다리는 곧게 펴며, 왼다리는 무릎을 굽힌다. 동시에 양 팔은 우측(右側) 아래로 향해 도(刀)를 "후려 찍어(劈)" 오른다리 외측(外側)에 이른다. 눈은 도(刀)를 바라본다. (그림 83)

(그림 82)

(그림 83)

(3) 오른발이 앞으로(東南) 향해 보(步)를 나가며, 신체를 좌(左)로 돌리고, 왼다리는 곧게 펴서 우궁보(右弓步)가 된다. 동시에 오른팔은 뒤로부터 아래로 향하다 앞으로 향하며 위로 향해 팔을 곧게 펴며 호형(弧形)으로 휘돌아 몸 앞에 이르고, 오른손은 머리보다 약간 낮고, 왼팔은 조금 굽혀서 위로 향하다 뒤로 향하며 아래로 향해 호형(弧形)으로 휘돌아 머리의 좌측(左側)에 이르러서, 양 손은 도(刀)를 앞쪽 위로 향하여 "걷어 올리고(撩)", 도인(刀刃)이 위로 향한다. 눈은 도(刀)를 바라본다. (그림 84)

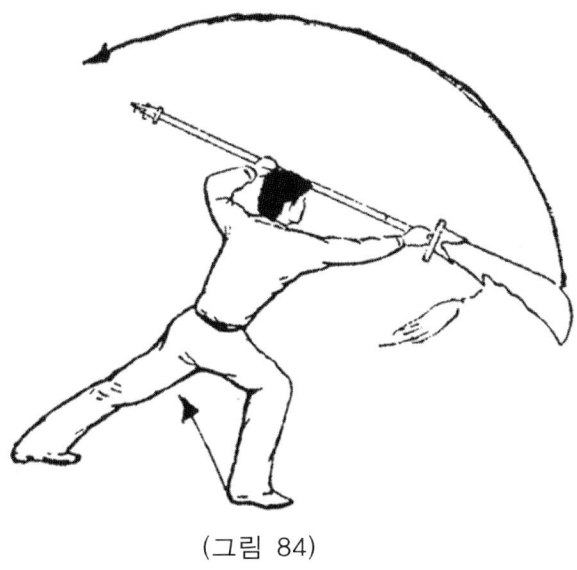

(그림 84)

요점

도(刀)를 "걷어 올릴(撩)" 때, 도(刀)는 가능한 한 신체에 바짝 접근하여서 앞쪽 위로 향해 운행하여 움직인다.

30. 진보좌요도(進步左撩刀)

(1) 오른발이 땅을 박차며 무릎을 굽혀 들어올리고, 신체의 중심(重心)은 왼다리로 이동하며, 상체는 조금 앞으로 굽힌다. 동시에 오른팔은 팔꿈치를 굽혀 안으로 거두어들여 몸 앞에 이르고, 오른손은 느슨히 잡으며 위로 향하다 뒤로 향해 도(刀)를 "밀며(推)", 기세에 따라 미끄러져 왼손 근처에 이르고, 왼손은 이에 쫓아 위로 쳐들어 머리의 좌측(左側)에 이르러 오른손에 닿는다. 즉시 오른손이 도(刀)를 잡아 아래로 도(刀)를 끌어당기며, 왼손은 느슨히 도간(刀杆)을 잡아 기세에 따라 위로 미끄러져 이동하여 호수반(護手盤 : 刀盤) 근처에 이르고, 왼팔은 곧게

펴며, 도(刀)를 몸 뒤쪽 위 방향에 비스듬히 쳐들고, 도인(刀刃)이 뒤쪽으로 향한다. (그림 85)

(2) 오른발이 우(右 : 東南)로 향하여 땅에 내리고, 오른다리는 무릎을 굽히며, 왼다리는 곧게 편다. 동시에 양 손은 좌측(左側) 아래로 도(刀)를 "후려 찍어(劈)" 왼다리 외측(外側)에 이르고, 도인(刀刃)이 아래로 향한다. 눈은 도(刀)를 바라본다. (그림 86)

(그림 85)

(그림 86)

(3) 왼발이 우(右 : 東南)로 향하여 보(步)를 나가고, 오른발은 변동이 없으며, 상체는 우(右)로 돌려 좌궁보(左弓步)가 된다. 동시에 왼손이 아래로 향하다 앞으로 향하며 위로 향해 몸의 좌측(左側)을 따라 팔을 곧게 펴며 호형(弧形)으로 휘돌아 몸 앞에 이르고, 머리보다 약간 낮으며,

오른팔은 조금 굽히고, 오른손은 위로 향하다 뒤로 향하며 아래로 향해 호형(弧形)으로 휘돌아 머리의 우측(右側)에 이르러서, 양 손은 도(刀)가 몸 측면을 지나 앞쪽 위로 향하게 하여 "걷어 올려(撩)" 공격한다. 눈은 도(刀)를 바라본다. (그림 87)

(그림 87)

요점

앞의 진보우요도(進步右撩刀)와 같다.

31. 격보번신복보벽도(擊步翻身僕步劈刀)

(1) 왼다리가 땅을 박차며 무릎을 굽혀 들어올리고, 왼발은 무릎관절보다 낮으며, 신체의 중심(重心)을 뒤로 이동하고, 오른다리는 곧게 펴서 지탱하며, 상체는 조금 우(右)로 돌리고 약간 앞으로 굽힌다. 동시에 왼팔은 팔꿈치를 굽히며 안으로 거두어들이고, 왼손은 느슨히 잡으며 도간(刀杆)을 따라 위로 향하다 뒤로 향해 도(刀)를 "밀며(推)", 기세에 따라 미끄러져 이동하여 오른손 근처에 이르고, 오른손은 위로 쳐들어 머리의 우측(右側)에서 왼손에 닿으며, 이에 쫓아 왼손이 아래로 끌어당기고, 오른손은 느슨히 잡아 미끄러져 호수반(護手盤) 근처에 이르며, 도(刀)를 위로 향하다 뒤로 향해 호형(弧形)으로 휘돌려 몸 뒤에 이르고, 도인(刀刃)이 뒤로 향한다. (그림 88)

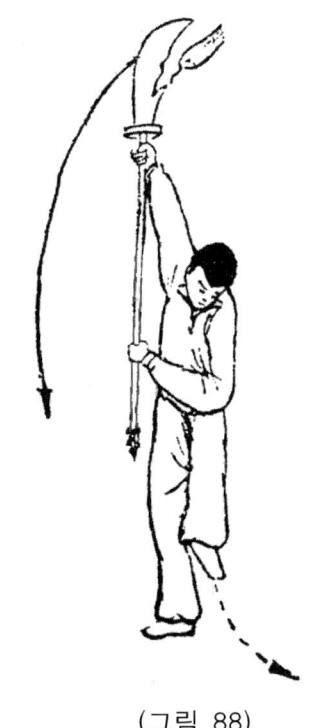

(그림 88)

(2) 왼발이 좌(左 : 東南)로 향하여 땅에 내리고, 왼다리는 무릎을 굽히며, 오른다리는 곧게 편다. 동시에 양 손은 도(刀)를 우측(右側)아래로 "후려 찍어(劈)" 오른다리 외측(外側)에 이르고, 도

(그림 89)

인(刀刃)이 아래로 향한다. (그림 89)

(3) 왼발이 땅을 박차며, 신체가 공중으로 오르고, 오른발이 공중에서 왼발을 맞부딪쳐 격보(擊步)를 한다. 양 손은 도(刀)를 잡고 이에 따라 위치를 이동한다. (그림 90)

(그림 90)

(4) 오른발이 땅에 내리고, 왼발이 잇따라 오른발 앞에서 땅에 내리며, 즉시 왼다리가 땅을 박차고, 오른다리가 앞쪽 위로 향해 "휘저으며(攞動)", 신체를 공중에 올리면서 또한 좌(左) 뒤로 향하여 뒤집어 돌린다. 양 손은 동시에 앞쪽 위로 향해 도(刀)를 "걸어 올리며(撩)", 이에 따라 위치를 이동한다. (그림 91)

(5) 왼발이 땅에 내리고, 오른발이 잇따라 몸 앞에서 땅에 내리며(그림 91의 양 발 동작노선을 보면, 먼저 오른발이 땅에 내리고 오른다리를 펴며, 왼발이 東南쪽으로 물러나며 무릎을 굽혀 웅크려 앉는 방식이다 ; 역자註), 왼다리는 무릎을 굽혀 완전히 웅크려 앉고, 오른다리는 곧

(그림 91)

게 펴서 우복보(右僕步)가 된다. 동시에 양 손은 아래로 향해 도(刀)를 "후려 찍어(劈)" 오른다리 내측(內側)에 이르고, 도인(刀刃)이 아래로 향하며, 도첨(刀尖)이 앞으로 향한다. 눈은 도(刀)를 바라본다. (그림 92)

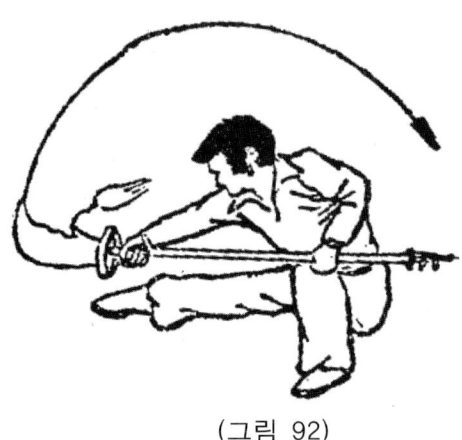

(그림 92)

요점

땅을 박차고 다리를 휘저으며 양 팔을 위로 휘두르는 동작은 동시에 진행하며, 협조하여 일치해야 한다. 도(刀)를 휘둘러 "후려 찍는(劈)" 동작은 연결되어서 세운 원(圓)을 이루며 휘돌아야 한다. 격보(擊步)를 하고 땅에 내리는 동작은 아주 멀리 나가기 어렵고, 몸을 뒤집으며 뛰어오르는 동작은 높아야 한다.

32. 전탄요도(箭彈撩刀)

(1) 왼발이 땅을 박차며, 오른다리는 무릎을 굽히고, 신체가 일어서며, 중심(重心)은 양 다리 사이로 이동한다. 동시에 오른팔은 팔꿈치를 굽히며 위로 쳐들고, 왼팔은 앞으로 "휘저으며(擺動)", 양 손은 도(刀)를 위로 쳐들어, 도인(刀刃)이 우(右)로 향한다. (그림 93)

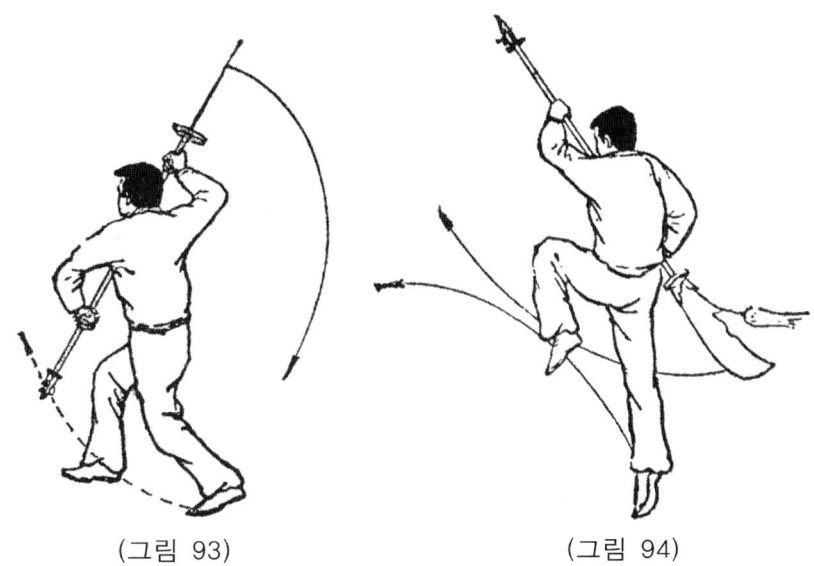

(그림 93)   (그림 94)

(2) 왼다리는 앞쪽 위로 향해 "휘젓고(擺動)", 오른발은 땅을 박차며, 발꿈치를 들어올린다. 동시에 오른팔은 아래로 내려 오른쪽 허리 옆에 이르고, 왼손은 위로 쳐들어 머리의 앞쪽 위 방향에 이르며, 양 손은 도(刀)를 뒤로 향하다 아래로 향해 휘돌려서, 도인(刀刃)이 앞으로 향한다. 눈은 앞 방향을 바라본다. (그림 94)

(3) 왼다리는 무릎을 굽혀 위로 들어올리고, 오른발이 땅에서 떨어지며 앞으로 향해 튕겨 차고, 발등은 팽팽하게 지탱하여 편다. 동시에 양 손은 도(刀)를 앞쪽 위로 향하여 "걷어 올려(撩)" 공격하여서, 도인(刀刃)이 위로 향하며, 도첨(刀尖)이 앞으로 향한다. 눈은 앞 방향을 바라본다. (그림 95)

(그림 95)

요점

땅을 박차고 다리를 휘저으며 왼팔을 들어올리는 동작은 동시에 진행해야 하고, 협조하여 일치해야 하며, 몸을 일으켜 뛰어오르는 동작은 빠르고 힘이 있어야 한다. 다리를 튕겨 차는 동작과 도(刀)를 "걷어 올리는(撩)" 동작은 동시에 진행한다. 공중에서 상체는 조금 앞으로 굽히고, "기세(氣)"는 위로 끌어올린다.

33. 삽보발도(揷步撥刀)

(1) 왼발이 땅에 내리고, 오른발이 잇따라 앞으로 향해 땅에 내린다. 동시에 오른팔은 팔꿈치를 굽히고, 왼손은 왼쪽 옆구리 앞으로 거두어들이며, 양 손은 도(刀)를 몸 앞에 안아 든다. (그림 96)

(2) 오른다리를 뻗어 곧게 펴며, 왼다리는 무릎을 굽히고, 신체를 좌(左)로 180도 돌리며, 양 손은 도(刀)를 잡고서 이에 따라 위치를 이동한다. (그림 97)

(그림 96)

(그림 97)

(3) 신체의 중심(重心)을 우(右)로 이동하며, 상체는 조금 우(右)로 비틀어 돌리고, 왼다리는 오른다리의 뒤를 지나 우(右 : 西北)로 향해 삽보(插步)하며, 오른다리는 무릎을 굽히고, 왼다리는 곧게 펴며, 왼발 발꿈치가 땅에서 떨어진다. 동시에 오른팔을 안으로 돌리며 곧게 펴고, 왼팔은 안으로 거두어들여서, 양 손은 도(刀)를 우(右) 아래로 향하여 "돌려 제쳐(撥)" 나가고, 도인(刀刃)이 뒤로 향한다. 머리를 우(右)로 돌리고, 눈은 도(刀)를 바라본다. (그림 98)

(그림 98)

요점

상체를 비틀어 돌리고 보(步)를 "끼어들며(插)" 도(刀)를 돌려 제치는 동작은 동시에 진행한다.

34. 궁보헌준(弓步獻鐏)

(1) 왼발이 좌(左 : 東南)로 향하여 보(步)를 나가고, 상체는 조금 좌(左)로 돌리며, 양 다리는 곧게 편다. 동시에 오른팔은 팔꿈치를 굽히며 밖으로 돌리고, 수심(手心)이 위로 향하며, 양 손은 좌(左)로 향하여 도

(刀)를 끌어당기고, 도인(刀刃)이 아래로 향한다. 눈은 도준(刀鐏)을 바라본다. (그림 99)

(그림 99)

(2) 오른발이 왼다리의 뒤를 지나 좌(左 : 東南)로 향하여 삽보(揷步)한다. 왼손은 앞으로 향하다 아래로 향하며 뒤로 향해 원(圓)을 휘돌고, 오른팔은 움직이지 않아서, 도(刀)가 시계방향을 따르게 하여 도준(刀鐏)을 "돌려 감는다(絞)". (그림 100)

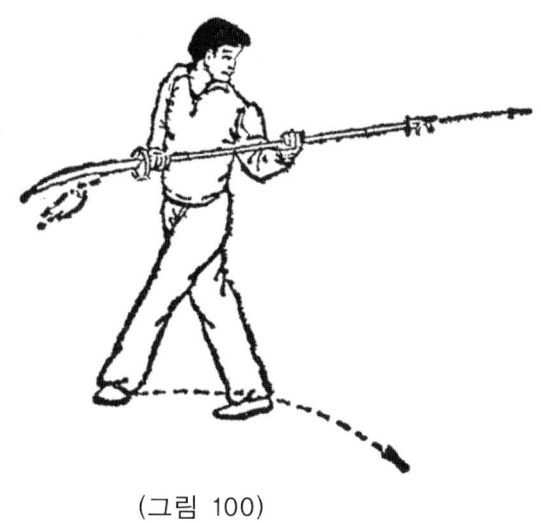

(그림 100)

(3) 왼발이 좌(左)로 향하여 보(步)를 나가고, 왼다리는 무릎을 굽히며, 오른다리는 곧게 펴서 좌궁보(左弓步)가 된다. 동시에 양 손은 도준(刀鐏)을 좌(左)로 향하여 "찔러(戳)" 공격하며, 왼팔을 곧게 펴고, 오른손은 가슴 앞에 거두어들이며, 도준(刀鐏)은 눈썹과 같은 높이이다. 눈은 도준(刀鐏)을 바라본다. (그림 101)

(그림 101)

요점

도준(刀鐏)을 돌려 감을 때, 허리는 왼손을 따라서 휘돌리며 또한 기세에 따라서 돌아 움직여야 하고, 다리를 박차며 몸을 돌리고 양 손을 앞으로 보내는 동작은 동시에 진행해야 하며, 도준(刀鐏)을 빠르게 찔러 공격한다.

35. 선전소도(旋轉掃刀)

(1) 왼다리를 곧게 펴며, 발끝을 안으로 꺾어 돌리고, 상체는 조금 일으켜 서며, 신체의 중심(重心)은 우(右)로 이동하고, 오른다리는 무릎을 굽힌다. 동시에 양 손은 우(右) 위로 향하여 도(刀)를 "밀어서(推)", 도인

(刀刃)이 좌(左)로 향한다. 눈은 도(刀)를 바라본다. (그림 102)

(2) 오른다리를 곧게 펴며, 발끝을 안으로 꺾어 돌리고, 신체의 중심(重心)은 좌(左)로 이동하고, 왼다리는 무릎을 굽혀 완전히 웅크려 앉으며, 상체는 좌(左)로 비틀어 돌리며 또한 앞으로 숙인다. 양 손은 이에 따라 위치를 이동한다. (그림 103)

(그림 102)

(3) 왼발 발바닥을 축(軸)으로 삼아서, 신체가 좌(左) 뒤로 향하여 "휩쓸어(掃)" 돌며, 한바퀴 반 가까이 휩쓸어 왔을 때에 이르러 왼다리를 박차 곧게 펴고, 오른다리는 무릎을 굽혀 우궁보(右弓步)

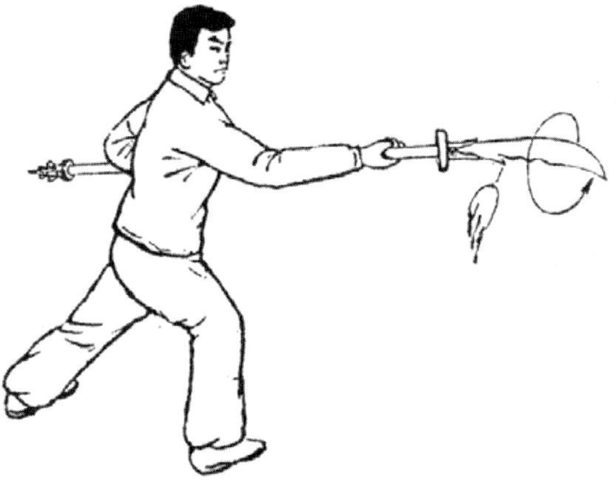

(그림 103)

(그림 104)

가 된다. 양 손은 좌(左)로 향하여 도(刀)를 "밀어서(推)", 도인(刀刃)이 좌(左)로 향한다. 눈은 도(刀)를 바라본다. (그림 104)

요점

휩쓸어 돌릴 때 허리를 돌리는 동작과 상체를 앞으로 굽히며 아래로 앉는 동작은 동시에 진행하고, 다리를 휩쓸 때 오른다리는 곧게 펴며, 발 전부가 땅에 접촉한다.

36. 삼헌도(三獻刀)

(1) 오른팔은 조금 굽히고, 오른손은 어깨관절을 축(軸)으로 삼아서, 아래로 향하다 위로 향해 휘돌린다. 이와 동시에 오른팔은 점차 밖으로 돌리며 손목을 굽혀 안으로 "꺾어 다잡고(扣)", 왼손은 느슨히 잡아 변동이 없으며, 양 손은 도(刀)를 아래로 향하다 밖으로 향하며 위로 향해 호형(弧形)으로 "잡아채고(抄)", 왼손 수심(手心)이 위로 향하며, 오른손 수심(手心)이 밖으로 향하고, 도간(刀杆)은 오른팔 아래팔뚝 위에 바짝

(그림 105)

붙이며, 도인(刀刃)이 위로 향하고, 머리보다 약간 높다. (그림 105)

(2) 하지(下肢)는 변동이 없고, 왼손은 아래로 향하다 밖으로 향해 호(弧 : 곡선)를 그리며 휘돌고, 즉시 손목을 쳐들며, 오른손을 지렛목으로 삼아 도(刀)가 시계방향으로 휘돌게 하여, 도인(刀刃)이 좌(左)로 향한다. 눈은 도(刀)를 바라본다. (그림 106)

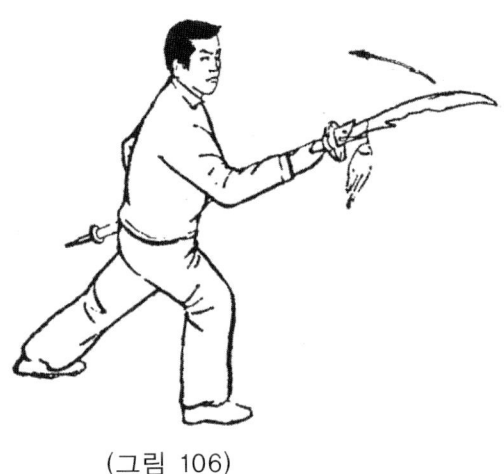

(그림 106)

(3) 하지(下肢)는 변동이 없고, 상체는 좌(左)로 비틀어 돌리며, 왼팔은 안으로 거두어들여 왼쪽 옆구리 곁에 품어 안고, 오른팔은 좌(左) 앞쪽으로 곧게 펴며, 양 손은 도(刀)를 좌(左)로 향하여 수평으로 "벤다(斬)". 눈은 도(刀)를 바라본다. (그림 107)

(그림 107)

(4) 하지(下肢)는 변동이 없고, 왼손은 손목을 뒤틀며, 도(刀)를 뒤집어 돌게 하여, 도인(刀刃)이 우(右)로 향하고, 즉시 상체를 우(右)로 비틀어 돌리며, 왼팔은 좌(左) 앞쪽으로 내밀고, 오른팔은 몸을 돌림에 따라서 거두어 들여 오른쪽 옆구리 곁에 이르며, 양 손은 도(刀)를 우(右) 뒤쪽으로 향하여 수평으로 "베고(斬)", 높이는 허리와 같다. 눈은 도(刀)를 바라본다. (그림 108)

(그림 108)

(5) 왼발이 앞으로 향해 반보(半步)를 나가고, 왼다리는 무릎을 굽히며, 중심(重心)을 뒤로 이동하여 왼다리에 이르고, 오른발 발끝은 지면에 가벼이 닿아 우허보(右虛步)가 된다. 동시에 왼팔은 팔꿈치를 굽히며 위로 쳐들고, 왼손은 손목을 뒤틀며 쳐들어 왼쪽 귀 옆에 오고, 수심(手心)이 비스듬히 위로 향하며, 오른팔은 팔꿈치를 내밀어 앞으로 "휘저어서(攩)", 양 손은 도(刀)가 오른 다리 외측(外側)을 따라 앞으로 향하게 하여 "걷어 올려(撩)" 공격하고, 도인(刀刃)이 앞으로 향한다. 눈은 도(刀)를 바라본다. (그림 109)

(그림 109)

(6) 하지(下肢)는 변동이 없고, 왼팔은 손목을 굽혀 앞쪽 아래로 향하여 내리며, 오른팔은 밖으로 돌리며 팔꿈치를 굽혀서, 도(刀)를 뒤집어 돌리며 아래로 내려 오른다리 앞에 이르고, 도인(刀刃)이 뒤로 향한다. (그림 110)

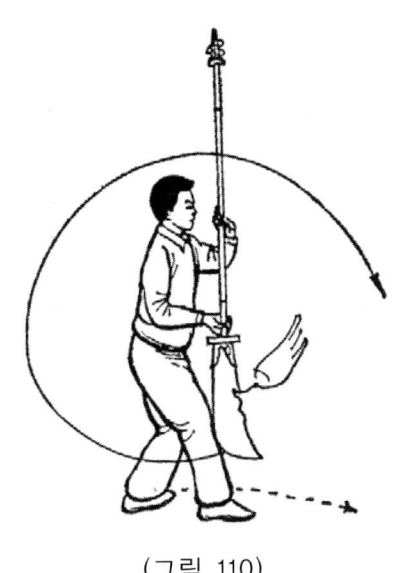

(그림 110)

(7) 왼발이 앞으로 향하여 보(步)를 나가고, 발끝이 지면에 가벼이 닿으며, 오른다리는 무릎을 굽혀 좌허보(左虛步)가 된다. 왼팔은 팔꿈치를 굽혀 아래로 내리고, 왼손은 오른쪽 겨드랑이 아래로 오며, 오른손은 위로 향하다 앞으로 향해 휘돌아 몸 앞에 이른다. 양 손은 도(刀)가 몸 측면을 지나 앞으로 향하게 하여 수평으로 "후려 찍고(劈)", 도인(刀刃)이 아래로 향한다. 눈은 도(刀)를 바라본다. (그림 111)

(그림 111)

37. 도보전신운도(跳步轉身雲刀)

(1) 신체를 일으켜 서며, 왼발이 앞으로 향해 활보(活步 : 반보)하고, 신체의 중심(重心)을 앞으로 이동한다. 동시에 왼손을 앞으로 "밀고(推)", 오른팔은 팔꿈치를 굽히며 위로 쳐들어서, 양 손은 도(刀)를 위로 "받쳐 올린다(挑)". 눈은 좌(左) 앞쪽 방향을 바라본다. (그림 112)

(그림 112)

(2) 왼발이 땅을 박차고, 오른다리를 좌(左) 앞쪽 위로 "휘저으며(擺動)", 신체를 공중에 올린다. 동시에 오른손은 좌(左)로 향하다 뒤로 향해 휘돌려 머리 뒤에 이르고, 왼손은 좌(左)로 향하며 위로 향해 휘돌려서, 양 손은 도(刀)를 머리 위에서 좌(左) 뒤로 향하여 평평하게 빙 돌리는 운도(雲刀)를 한다. (그림 113)

(3) 오른발이 땅에 내리고, 왼발이 잇따라 몸 뒤에서 땅에 내린다. 양 손은 도(刀)를 계속하여 좌(左)로 향해 휘돌려 평평하게 운도(雲刀)한다. 눈은

(그림 113)

도(刀)를 바라본다. (그림 114)

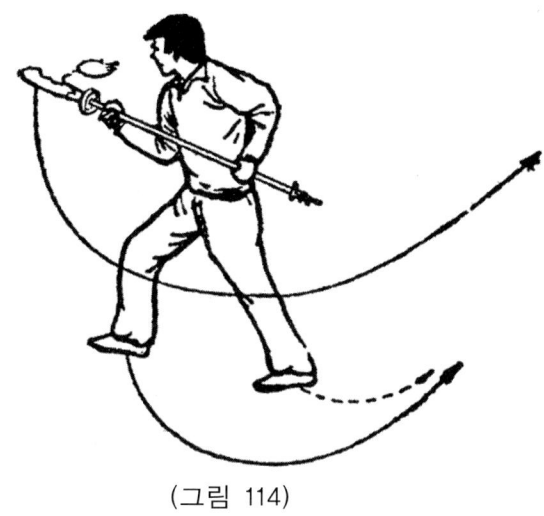

(그림 114)

요점

운도(雲刀)는 머리 위에서 진행해야 하고, 도신(刀身)이 수평을 이루며 운동한다.

38. 병보퇴도(併步推刀)

신체를 좌(左) 뒤로 180도 돌리며, 오른발이 앞으로 보(步)를 나가고, 왼발은 오른발의 내측(內側)으로 향해 근보(跟步 : 따라 붙이다)하고, 양 다리는 곧게 펴서 보(步)를 "나란히 합한다(併)". 동시에 양 손은 도

(그림 115)

(刀)를 잡아 앞으로 "밀며(推)", 오른팔은 곧게 펴고, 왼팔은 팔꿈치를 굽히며 앞으로 들어올린다. 눈은 도(刀)를 바라본다. (그림 115)

요점

왼다리가 보(步)를 따라 붙는 동작은 빨라야 하고, 양 다리가 굽힌 자세로부터 펴는 동작은 퇴도(推刀)동작과 동시에 진행하여서, 협조하여 일치한다.

39. 행보무화헐보안도(行步舞花歇步按刀)

(1) 왼발이 좌(左) 앞쪽으로(東) 향하여 보(步)를 나가고, 발끝을 밖으로 벌리며, 상체는 조금 우(右)로 비틀어 돌린다. 양 손은 도(刀)를 잡고 이에 따라 위치를 이동한다. 눈은 도(刀)를 바라본다. (그림 116)

(2) 오른발이 좌(左) 앞쪽으로 향하여 보(步)를 나가고, 발끝을 안으로 "꺾어 돌리며(扣)", 「⌒」 의 형태를 따라서 도합 4보를 걷는다. 양 손은

(그림 116)　　　　　　　　(그림 117)

도(刀)를 잡고 이에 따라 위치를 이동한다. 눈은 도(刀)를 바라본다. (그림 117)

(3) 상체를 좌(左)로 비틀어 돌린다. 오른팔은 안으로 돌리며 팔꿈치를 굽히고, 오른손은 위로 향하다 앞으로 향해 휘돌아 머리 앞에 이르며, 왼손은 느슨히 잡아 위로 향해 손잡이가 미끄러지며 기세에 따라서 거두어들여 오른팔 아래에 이르고, 양 손은 도(刀)를 위로 향하다 앞으로 향해 휘돌려서 좌(左) 앞쪽 위 방향에 이른다. 눈은 도(刀)를 바라본다. (그림 118)

(그림 118)

(4) 왼발이 땅을 박차고, 오른다리는 앞으로 향해 휘저으며, 신체는 좌(左)로 돌리며 공중에 올린다. 동시에 양 손은 도(刀)를 아래로 향하다 뒤로 향하며 위로 향해 휘돌려서, 도인(刀刃)이 앞으로 향한다. (그림 119)

(그림 119)

(5) 오른발이 앞으로(西) 향해 땅에 내리고, 왼발이 잇따라 오른발의 뒤에서 땅에 내리며, 양 다리는 아래로 웅크려 앉아 헐보(歇步)가 된다. 동시에 양 손은 도(刀)를 밖으로 뒤집어 뒤로 돌려 개도(蓋刀 : 도를 덮어씌워 누른다)하여, 도인(刀刃)이 뒤로 향한다. 눈은 도(刀)를 바라본다. (그림 120)

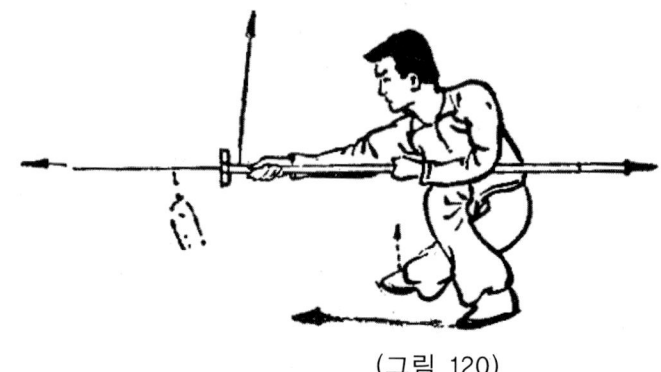

(그림 120)

요점

행보(行步)는 연결되어 관통하며 안정되어야 하고, 무화(舞花)동작은 도(刀)가 몸 측면에서 세운 원(圓)을 휘돌린다.

40. 제슬찰도(提膝扎刀)

오른다리가 앞으로(西) 향해 보(步)를 나가며 곧게 펴고, 왼다리는 무릎을 굽혀 들어올려 평형을 이룬다. 동시에 양 손은 도(刀)를 앞으로(西) 향해 "찔러(扎)" 나가서, 도인(刀刃)이 뒤로 향한다. 눈은 도(刀)를 바라본다. (그림 121)

(그림 121)

요점

오른다리를 박차 곧게 펴며 왼다리가 무릎을 들어올리는 동작과 찰도(扎刀)동작은 동시에 진행해야 하고, 찰도(扎刀)는 빠르고 힘이 있어야 한다.

41. 회마도(回馬刀)

(1) 왼발이 뒤로(東) 향하여 땅에 내리며, 발끝을 밖으로 벌리고, 신체는 좌(左)로 돌린다. 동시에 오른팔은 팔꿈치를 굽히며, 왼손은 곧게 뻗어 오른팔 팔꿈치 앞에 오고, 양 손은 도(刀)를 쳐들어 몸 우측(右側)에 이른다. 눈은 도(刀)를 바라본다. (그림 122)

(그림 122)

(2) 오른발이 앞으로(東) 향해 보(步)를 나가며, 발끝을 안으로 "꺾어 돌리고(扣)", 신체는 조금 좌(左)로 비틀어 돌린다. 동시에 오른팔은 팔꿈치를 굽히며 안으로 거두어들여 아래로 내리고, 왼손은 안으로 거두어들여 오른팔 팔꿈치 아래에 이르며, 양 손은 도(刀)를 위로부터 아래로 향하고 신체의 좌측(左側)으로 향해 휘돌려서 좌(左) 앞 방향에 이르며, 도인(刀刃)이 뒤로 향한다. 눈은 도(刀)를 바라본다. (그림 123)

(그림 123)

(3) 왼발이 앞으로(東) 향해 보(步)를 나가며, 신체는 계속하여 좌(左)

로 비틀어 돌린다. 동시에 오른손은 아래로 향하다 뒤로 향하며 위로 향해 호형(弧形)으로 휘돌아 몸 앞에 이르고, 왼팔은 팔꿈치를 굽히며, 왼손은 아래로 향해 기세에 따라서 휘돌려 머리 좌(左) 뒤에 이르고, 양 손은 도(刀)를 아래로 향하다 뒤로 향하며 위로 향해 신체의 좌측을 따라 세워서 휘돌려 몸 앞에 이르고, 도인(刀刃)이 뒤로 향한다. (그림 124)

(4) 오른발이 앞으로(東) 향해 보(步)를 나간다. 동시에 오른팔은 앞으로 내밀고, 왼손은 위로 미끄러져 잡으며, 도(刀)를 몸 앞으로 내린다. (그림 125)

(그림 124)   (그림 125)

(5) 신체의 중심(重心)을 오른다리로 이동하며, 왼다리는 무릎을 굽히며 밖으로 향하다 안으로 향해 "휘저어(擺動)" 몸 뒤에 이르고, 기세에 따라서 오른발을 축(軸)으로 삼아 신체를 우(右) 뒤로 180도 돌리며, 상체를 앞으로 숙이고, 양 손은 도(刀)를 가슴 앞에 품어 안으며 이에 따라

서 위치를 이동한다. 눈은 도(刀)를 바라본다. (그림 126)

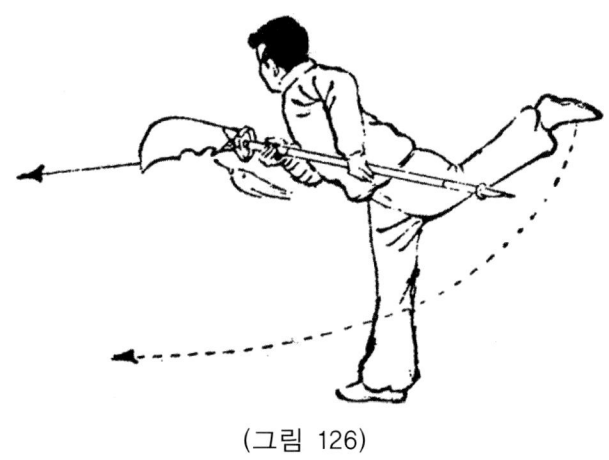

(그림 126)

(6) 왼발이 앞으로(西) 향해 보(步)를 나가 좌궁보(左弓步)가 된다. 동시에 양 손은 앞으로 향해 도(刀)를 "찌르며(扎)", 높이는 머리와 같고, 도인(刀刃)이 위로 향하며, 오른팔은 곧게 펴고, 왼팔은 팔꿈치를 굽힌다. 눈은 도(刀)를 바라본다. (그림 127)

(그림 127)

요점

몸을 돌리며 다리를 들어올리고 도(刀)를 앞으로 찌르는 동작은 연결되어 관통해야 한다. 찰도(扎刀)는 빠르며 힘이 있어야 한다.

42. 궁보퇴도(弓步推刀)

(1) 중심(重心)을 앞으로 이동하여 왼다리에 이르며, 오른다리는 무릎을 굽히며 앞쪽 위로 향하여 "휘젓고(擺動)", 왼다리가 땅을 박차며, 신체를 공중으로 올린다. 동시에 오른팔은 위로 팔꿈치를 굽히며 가슴 앞으로 거두어들이고, 왼손은 기세에 따라서 아래로 향하다 위로 향해 하나의 작은 원(圓)을 휘돌아서, 양 손은 도(刀)를 가슴 앞에 품어 안는다. 눈은 도(刀)를 바라본다. (그림 128)

(그림 128)

(그림 129)

(2) 오른발이 땅에 내리고, 왼발이 잇따라 몸 앞으로 땅에 내려 좌궁보(左弓步)가 된다. 동시에 양 손은 도(刀)를 앞으로 향하여 "밀어(推)" 나가서, 도(刀)는 높이가 오른쪽 어깨와 같고, 도인(刀刃)이 좌(左)로 향한다. 눈은 도(刀)를 바라본다. (그림 129)

요점

도약(跳躍)동작은 가능한 한 멀리 나가야 하고, 퇴도(推刀)는 빠르며 힘이 있어야 한다.

43. 전신격보헌준(轉身擊步獻鐏)

(1) 신체를 우(右) 뒤로 180도 돌린다(얼굴이 東쪽으로 향한다). 동시에 왼손은 앞으로 향해 "밀고(推)", 오른손은 우(右)로 향하다 앞으로 향해 평평하게 "휘저어서(擺)", 양 손은 몸을 돌림에 따라 도(刀)를 우(右) 뒤로 "빙 에돌린다(抹)". 도(刀)는 높이가 어깨와 같다. (그림 130)

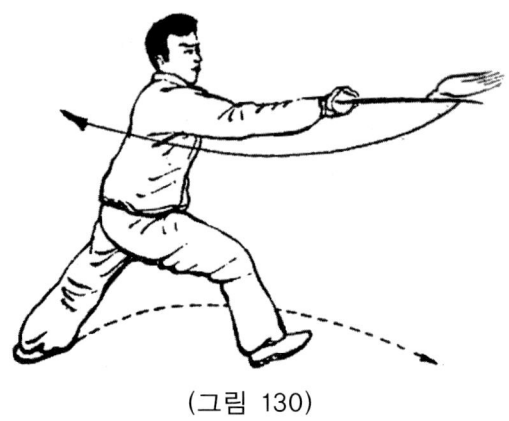

(그림 130)

(2) 왼발이 앞으로(東) 향하여 보(步)를 나가며, 신체를 우(右)로 90도 돌리고, 양 다리는 무릎을 굽혀 마보(馬步)가 된다. 양 손은 몸을 돌림에

따라 도(刀)를 계속하여 평평하게 "빙 에돌려서(抹)", 도(刀)를 몸 우(右)로 이끌고, 도(刀)는 허리와 같은 높이이며, 도인(刀刃)이 뒤로 향한다. (그림 131)

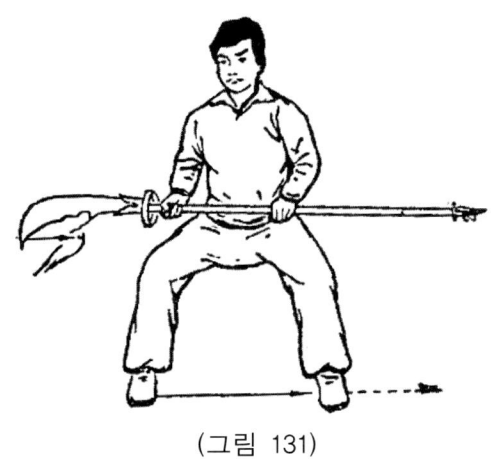

(그림 131)

(3) 중심(重心)을 앞으로 이동하며, 신체를 좌(左)로 돌리고, 왼발이 땅을 박차 뛰어오르며, 오른발은 공중에서 왼발을 부딪쳐 때려 격보(擊步)한다. 동시에 왼손은 느슨히 잡으며, 오른손은 앞으로 향해 "밀어서

(그림 132)

(推)", 도준(刀鐏)을 앞으로 향해 "찔러(戳)" 공격하고, 즉시 오른손은 신속히 도(刀)를 되돌려 "뽑아낸다(抽)". 눈은 도준(刀鐏)을 바라본다. (그림 132)

(4) 오른발이 앞으로(東) 향하여 땅에 내리고, 왼발은 즉시 몸 앞에서 땅에 내리며, 왼다리는 무릎을 굽힌다. 도(刀)는 이에 따라 위치를 이동한다. (그림 133)

(그림 133)

요점

도준(刀鐏)을 찌르는 동작은 공중에서 빠르게 완성하고, 땅에 내리는 동작과 도(刀)를 뽑아내는 동작은 동시에 완성한다.

44. 전신허보거도(轉身虛步擧刀)

(1) 왼발을 축(軸)으로 삼고, 오른다리는 무릎을 굽히며 들어올리고, 신체는 우(右) 뒤로 몸을 270도 돌려서 우허보(右虛步)가 된다. 동시에 왼팔은 팔꿈치를 굽히며 위로 쳐들고, 오른팔은 몸 측면에 내린다. 양 손은 몸을 돌림에 따라서 도(刀)를 오른다리 무릎 밖에서 세워 휘돌려 오른다리 앞에 이르고, 상체는 가슴을 조금 함축하며, 도인(刀刃)이 뒤로 향한다. 눈은 우(右) 아래 방향을 바라본다.(그림 134)

(그림 134)

(2) 중심(重心)을 오른발로 이동하며, 신체를 좌(左)로 90도 돌리고, 오른다리는 조금 굽혀 좌허보(左虛步)가 된다. 동시에 왼손은 아래로 내려서 몸 앞에 이르고, 오른손은 위로 들어올려 오른쪽 귀 옆에 이른다. 양 손은 도(刀)를 위로 쳐들어 몸 우(右) 앞쪽에 이르고, 도인(刀刃)이 앞으로 향한다. 눈은 앞쪽 방향을 바라본다. (그림 135)

(그림 135)

요점

괘도(掛刀 : 그림 134) 시에 도(刀)는 신체에 바짝 접근해야 하고, 두 개로 나누어진 동작의 연결은 이어져 관통해야 한다.

45. 개마삼도(蓋馬三刀)

(1) 왼다리는 무릎을 굽히며 들어올리고, 신체는 조금 좌(左)로 비틀어 돌린다. 동시에 왼손은 오른쪽 겨드랑이 아래로 거두어들이고, 오른팔은 앞으로 향하다 아래로 향해 휘돌아서, 양 손은 도(刀)를 앞쪽 아래로 향해 "후려 찍어(劈)" 공격한다. 눈은 도(刀)를 바라본다. (그림 136)

(그림 136)

(2) 왼발이 몸 앞에서(西) 땅에 내리며, 발끝을 밖으로 벌린다. 동시에 왼손은 앞으로 향하고, 오른팔은 팔꿈치를 굽히며 가슴 앞에 품어 안는다. 양 손은 도(刀)를 계속하여 아래로 향하다 뒤로 향해 휘돌린다. 눈은

좌(左) 앞쪽 아래 방향을 바라본다. (그림 137)

(3) 오른발이 앞으로(西) 향해 보(步)를 나가고, 양 다리는 무릎을 굽히며, 상체는 우(右)로 비틀어 돌리고, 중심(重心)은 오른다리에 편중한다. 오른손은 위로 향하다 앞으로 향하고, 왼손은 아래로 향하다 뒤로 향해 각자 휘돌아서, 양 손은 도(刀)를 계속하여 위로 향하다 앞으로 향해 휘돌려 몸의 우(右) 앞쪽 위 방향에 이른다. 눈은 도(刀)를 바라본다. (그림 138)

(그림 137)

(4) 왼다리는 무릎을 굽히며 위로 "휘젓고(擺)", 오른발은 땅을 박차 뛰어오르며, 신체는 좌(左) 뒤로 뒤집어 돌린다. 양 손은 도(刀)를 잡고서 변동이 없으며, 이에 따라 위치를 이동한다. 눈은 좌(左) 위 방향을 바라본다. (그림 139)

(5) 왼발이 땅에 내리고, 오

(그림 138)

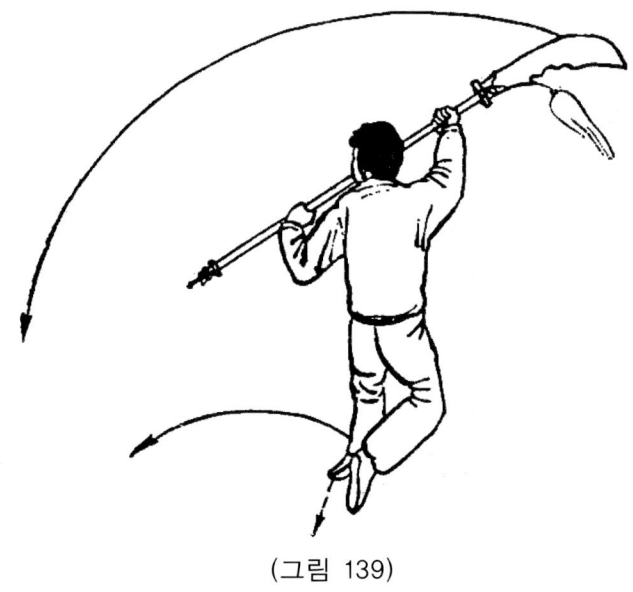

(그림 139)

른발이 잇따라 몸 우측(右側)에서 (西) 땅에 내리며, 양 다리는 무릎을 굽혀 마보(馬步)가 된다. 동시에 양 손은 도(刀)를 아래로 "후려 찍어(劈)" 몸 우측(右側)에 이르고, 도(刀)는 허리보다 약간 높으며, 왼팔은 팔꿈치를 굽혀 왼쪽 허리 옆에 품어 안고, 오른팔은 곧게 펴서 도(刀)를 잡는

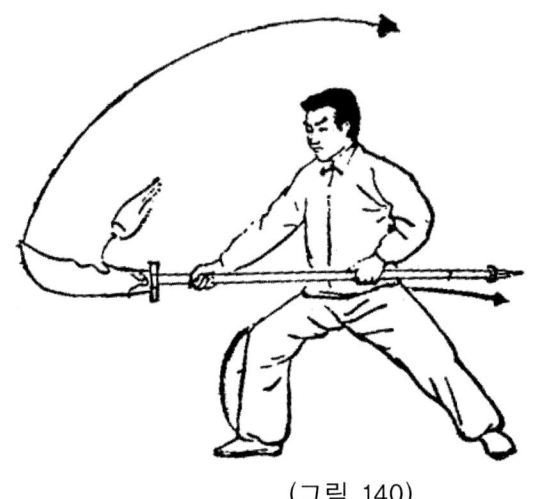

(그림 140)

다. 눈은 도(刀)를 바라본다. (그림 140) 이상과 같이 "몸을 뒤집으면서 (翻身)" 마보(馬步)가 되며 벽도(劈刀)하는 동작을 연속하여서 3차례 한다.

요점

3차례의 벽도(劈刀)동작은 연결되어 관통해야 하고, 벽도(劈刀) 시에 도(刀)는 세운 원(圓) 형태를 이루며 휘돌린다.

46. 전신마보벽도(轉身馬步劈刀)

(1) 오른다리는 무릎을 굽히며 들어올리고, 왼다리는 곧게 펴며, 신체를 우(右)로 180도 돌린다. 동시에 왼팔은 팔꿈치를 굽히며 앞으로 들어올려 가슴 앞에 이르고, 오른팔은 조금 굽혀 안으로 돌리며 위로 쳐들어서, 양 손은 도(刀)를 뒤집어 돌려 몸 앞에 세우고, 도인(刀刃)이 우(右)로 향한다. (그림 141)

(그림 141)

(2) 오른발이 우(右)로 향하여 (東) 땅에 내리고, 양 다리는 무릎을 굽혀 마보(馬步)가 된다. 동시에 양 손은 도(刀)를 우(右)로 향하다 아래로 향해 "후려 찍어(劈)" 공격하고, 도인(刀刃)이 아래로 향하며, 왼손

은 허리 옆에 거두어들이고, 오른팔은 조금 굽힌다. 눈은 도(刀)를 바라본다. (그림 142)

(그림 142)

요점

도(刀)는 세운 원(圓)을 이루며 휘돌리고, 벽도(劈刀)는 아래로 웅크려 앉아 마보(馬步)가 되는 동작과 동시에 완성해야 한다.

47. 마보붕도(馬步崩刀)

오른팔은 조금 굽히고, 아래팔뚝은 밖으로 돌리며 손목을 굽혀 안으로 "꺾어 다잡고(扣)", 오른손은 어깨관절을 축(軸)으로 삼아서 아래로 향하다 앞으로 향하며 위로 향해 휘돌고, 왼손은 느슨히 잡으며, 도(刀)는 위로 향하여 호형(弧形)으로 "움켜잡아 채고(抄起)", 도인(刀刃)이 위로 향한다. 즉시 왼손이 아래로 향하다 밖으로 향하고 위로 향해 손목을 뒤틀며 호(弧)를 그리고, 오른손은 느슨히 잡아서, 도(刀)가 계속하여 시계방향을 따라 휘돌게 하여 도(刀)를 뒤집어 돌리고, 도인(刀刃)이 위로 향한다. 이 동작이 멈추지 않고, 오른팔은 팔꿈치를 굽히며 위로 "받쳐 올리고(挑)", 왼팔은 아래로 "누르며(壓)" 도(刀)를 위로 "튀어 올려서 (崩：繃)", 도첨(刀尖)은 머리와 같은 높이이다. 눈은 도(刀)를 바라본다. (그림 143)

(그림 143)

요점

붕도(崩刀) 시에 오른팔을 위로 "받쳐 올리는(挑)" 동작은 왼팔을 아래로 누르는 동작과 협조하여 일치해야 하고, 도(刀)가 돌연히 빠른 속도로 위로 튀어 오르게 한다. 양 손이 휘돌리는 동작은 연결되어 관통하여 협조해야 하고, 도(刀)가 원활하게 한바퀴를 휘돌게 하며, 도인(刀刃)은 시종 운동방향으로 향한다.

48. 무화헐보안도(舞花歇步按刀)

(1) 왼다리는 무릎을 굽히며 들어올리고, 오른다리는 곧게 펴서 지탱한다. 동시에 양 손은 도(刀)를 위로 들어올린다. (그림 144)

(2) 왼발이 앞으로 향해 땅에 내리며, 발끝을 밖으로 벌리고, 신체는 좌(左)로 비틀어 돌리며, 동시에 양 손은 도(刀)를 아래로 향해 휘돌린다. (그림 145)

(그림 144)

(그림 145)

(3) 왼발이 땅을 박차고, 오른다리는 앞쪽 위로 휘저으며, 신체는 공중에 올린다. 동시에 양 손은 도(刀)를 몸 좌측(左側)에서 아래로 향하다 뒤로 향하고 위로 향해 휘돌린다. (그림 146)

(그림 146)

(4) 양 발은 차례로 땅에 내리며, 양 다리는 무릎을 굽혀 아래로 웅크려 앉아 헐보(歇步)가 된다. 동시에 양 손은 도(刀)를 앞으로 향하며 아래로 향해 개도(蓋刀 : 도를 덮씌워 누른다)하고, 도인(刀刃)이 뒤로 향한다. 눈은 도(刀)를 바라본다. (그림 147)

(그림 147)

요점

무화(舞花)동작 시에 도(刀)는 몸 옆에서 세운 원(圓)을 휘돌린다. 뛰어오르는 보(步)는 멀리 나가야 하고, 땅에 내리는 동작은 "날렵해야(輕 : 가뿐해야)" 한다. 헐보(歇步)와 안도(按刀 : 蓋刀)는 동시에 완성한다.

49. 병보번도(併步翻刀)

(1) 신체는 조금 일으켜 서며, 또한 좌(左) 뒤로 몸을 90도 돌린다. (그림 148)

(그림 148)

(2) 오른다리는 무릎을 굽혀 들어올리며, 왼발 발바닥을 축(軸)으로 삼아서, 신체를 좌(左) 뒤로 180도 뒤집어 돌린다. 동시에 왼팔은 팔꿈치를 굽혀 가슴 앞에 오고, 오른팔은 아래로 내려 앞에 쳐들며, 양 손은 도(刀)를 몸 우측(右側)에 내려서, 도신(刀身)이 지면(地面)과 평행하고, 도인(刀刃)이 좌(左)로 향한다. 눈은 앞으로 바라본다. (그림 149)

(그림 149)

 (3) 오른발이 왼발의 내측(內側)에 진각(震脚)하여 보(步)를 나란히 합한다. 동시에 오른팔은 밖으로 돌리며, 도(刀)를 밖으로 뒤집어 돌려서, 도인(刀刃)이 우(右)로 향한다. 눈은 앞으로 바라본다. (그림 150)

(그림 150)

요점

신체를 좌(左) 뒤로 뒤집어 돌리는 동작은 보(步)를 "나란히 합하며 (倂)" 도(刀)를 "누르는(按)" 동작과 연결되어 관통해야 한다.

50. 궁보평참(弓步平斬)

(1) 왼발이 좌(左) 뒤로 향하여(東南) 보(步)를 물러나며, 신체를 좌(左) 뒤로 180도 돌리고, 왼다리는 무릎을 굽힌다. 동시에 왼팔은 팔꿈치를 굽혀 아래로 내려 가슴 앞에 위치하고, 오른팔은 안으로 돌리며 팔꿈치를 굽혀 좌(左)로 향해 호형(弧形)으로 휘돌아 머리 앞에 이르고, 양 손은 도(刀)를 좌(左)로 향하다 뒤로 향하고 앞으로 향해 휘돌려서 머리 앞쪽 위에 이른다. 눈은 도(刀)를 바라본다. (그림 151)

(그림 151)

(2) 오른다리는 곧게 펴서 좌궁보(左弓步)가 된다. 동시에 양 손은 도 (刀)를 계속하여 좌(左)로 휘돌리며 평평하게 "베어(斬)" 좌(左) 앞쪽 방

향에 이르고, 도첨(刀尖)이 어깨보다 약간 높으며, 도인(刀刃)이 좌(左)로 향하고, 왼손은 왼쪽 허리 옆에 거두어들인다. 오른팔은 앞으로 쳐들어 약간 굽힌다. 눈은 도(刀)를 바라본다. (그림 152)

(그림 152)

요점

도(刀)를 휘돌릴 때 상체는 뒤로 "젖혀야(仰)" 하고, 가능한 한 도(刀)를 평평한 원(圓)으로 휘돌린다. 참도(斬刀)는 빠르고 힘이 있어야 한다.

수세(收勢)

1. 허보포도(虛步抱刀)

(1) 중심(重心)을 양 다리의 사이로 이동한다. 동시에 오른팔은 팔꿈치를 굽히며, 왼팔은 조금 내밀고, 양 손은 도(刀)를 우(右) 뒤로 향하여 평평하게 휘돌린다. 신체는 조금 우(右)로 비틀어 돌린다. 눈은 도(刀)를 바라본다. (그림 153)

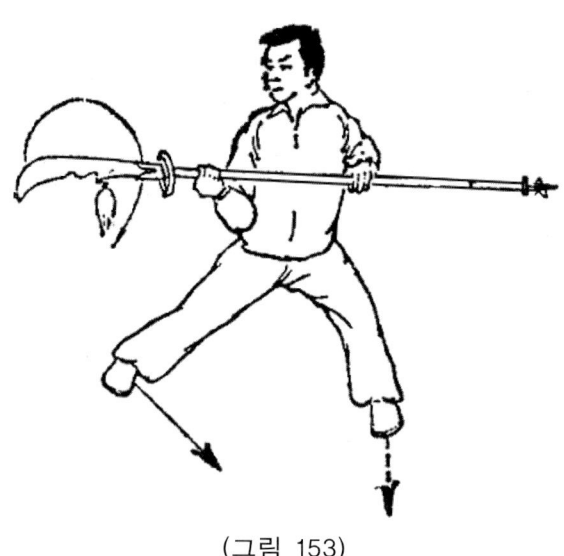

(그림 153)

(2) 오른발이 왼발 뒤로 향하여 보(步)를 따라 붙이고, 중심(重心)을 뒤로 이동하여 좌허보(左虛步)가 된다. 동시에 오른팔은 밖으로 돌리며 뒤로 향하다 아래로 향해 휘돌리고, 왼팔은 팔꿈치를 굽히며 앞으로 향하다 위로 향해 휘돌려 왼쪽 귀 옆에 이르고, 양 손은 도(刀)를 뒤로 향하다 아래로 향하게 하여 오른다리 외측(外側)을 따라 앞으로 향해 도(刀)를 "걸어 올려(撩)" 몸 앞에 품어 안는다. 눈은 도(刀)를 바라본다.

(그림 154)

2. 병보지도(倂步持刀)

왼다리를 곧게 펴며, 중심(重心)을 앞으로 이동하여 왼다리에 이르고, 오른발이 즉시 보(步)를 나가 병보(倂步)가 된다. 동시에 왼손은 앞으로 향해 도(刀)를 "밀어(推)" 배 앞에 이르고, 손을 놓아 몸 좌측(左側)에 내려서, 장심(掌心)이 안으로 향하며, 손가락이 아래로 향하고, 오른팔은 팔꿈치를 굽혀 위로 쳐들었다 즉시 아래로 내리며, 도(刀)를 몸 옆에 세우고, 도인(刀刃)이 앞으로 향한다. 눈은 앞으로 바라보며, 원래자세로 회복한다. (그림 155)

(그림 154)   (그림 155)

관공18도노선시의도(關公十八刀路線示意圖)

설명

1. 그림 중의 동작노선은 기본적으로 수련자의 운동궤적이다.

2. 동작명칭을 병렬한 것은, 몇 개의 동작이 동일한 위치에서 운동함을 표시하며, 첫째 화살표가 가리키는 위치가 연습지점이다.

3. 그림과 그림의 사이에 점선을 사용하여 연결한 것은, 다음 그림의 동작이 앞 그림의 동작과 동일한 위치에서 운동함을 나타낸다.

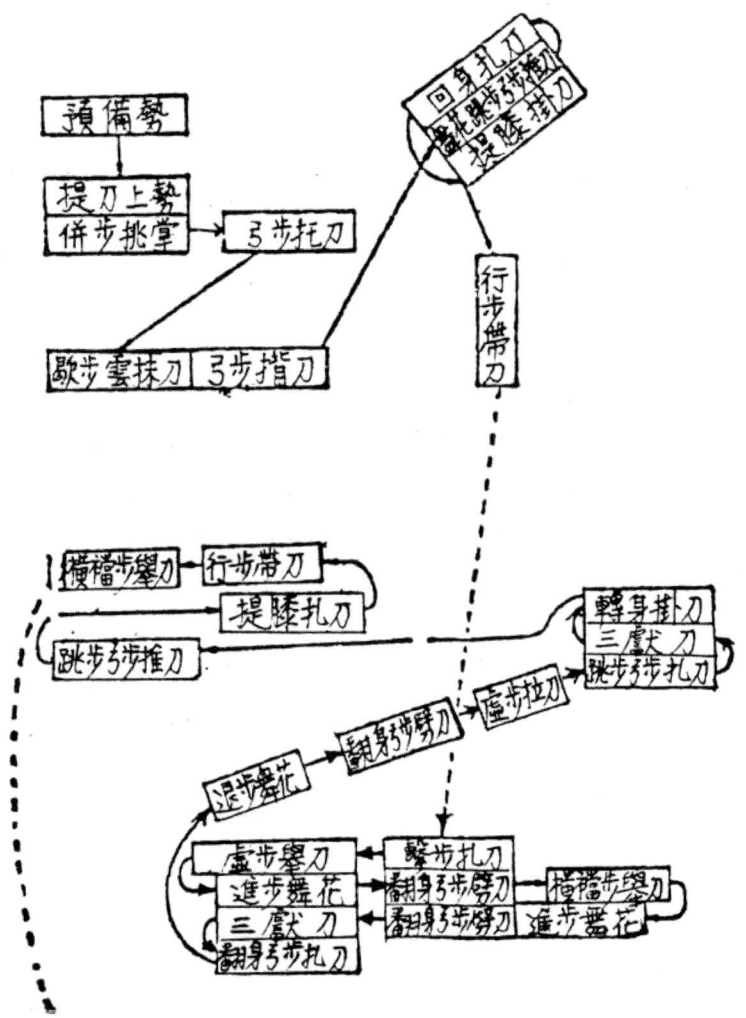

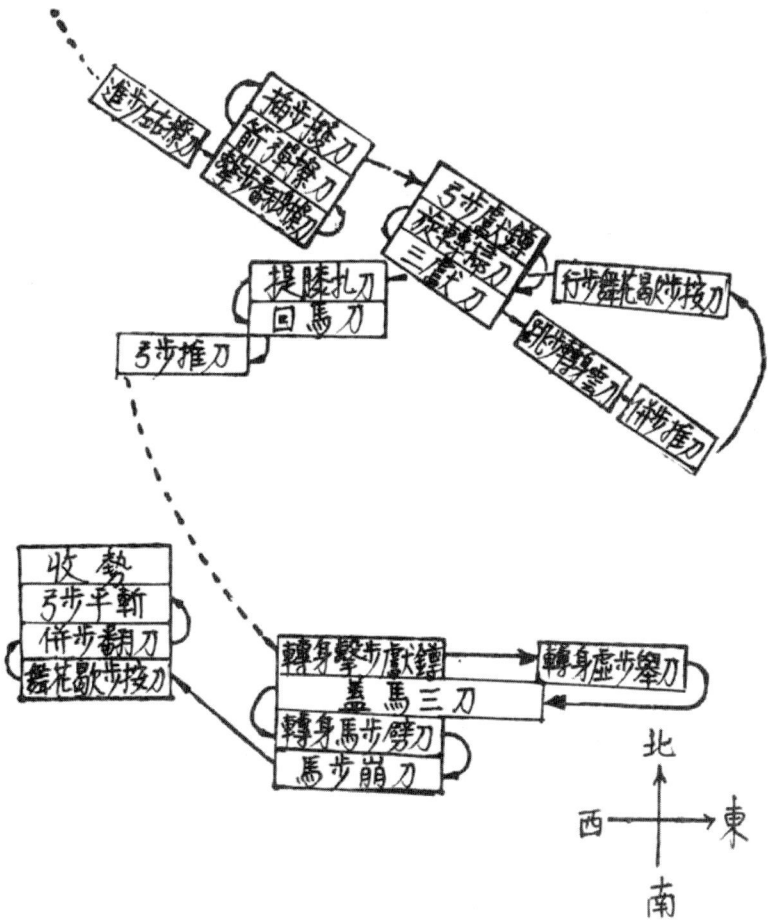

역자후기

　대도(大刀)는 위력적인 대형병기이며, 휘두르면 기세가 웅장하고 위엄이 있다. 그 도법(刀法)은 변화가 다양하고 공격과 방어의 힘이 강하여서, 예로부터 "모든 병기의 우두머리(百兵之帥)"라 불리었다. 무성(武聖)으로 추앙받는 관운장(關雲長)이 언월도(偃月刀)를 사용하였고, 관운장은 춘추(春秋)를 즐겨 읽어 그 대의(大義)를 행하였으므로, 후인들은 그 도(刀)를 춘추대도(春秋大刀)라 불렀다. 예로부터 무술을 수련하는 사람들은 관운장의 무예와 인품을 숭상하여서, 대도(大刀)는 거꾸로 놓아서도 안 되고, 땅 위에 눕혀서도 안 되며, 조금이라도 함부로 해서는 안 되고 엄숙히 대하였다.

　관공십팔도(關公十八刀) 투로는 사권(査拳)의 병기투로이다. 사권(査拳)은 장권(長拳)에 속하는 권술로서 산동(山東) 하북(河北) 하남(河南) 일대에서 유행하였고, 명(明)대에 회족(回族 : 중국의 이슬람교도)이 창시했다고 전한다. 사권(査拳)은 10개의 투로(套路)를 근본으로 하여 기타 여러 투로가 있으며, 대체로 기교가 발달한 고급권술에 속한다. 무술을 전공하는 대학 등의 무술교육기관에서 사권(査拳)을 필수과목에 포함할 정도로 무술계에서 그 뛰어남을 인정받는 권술이며, 관공십팔도(關公十八刀) 또한 남권(南拳) 등의 기타 대도술(大刀術)에 비해 초식 수법이 훨씬 정교하게 발달한 병기술이다.

　무공수련에 왜 병기수련이 필요한가? 현재 세계적으로 유행하는 격투기에 대하여 방송에서 어느 무술인이 이를 폄하하는 말을 하였는데, 이것은 무지의 소치이다. 이전에는 무술가라고 자부하려면, 권술 몇 투로 만으로 적당히 얼버무려서는 안 되고, 만약 대창(大槍) 등의 병기를 다루지 못하거나, 또한 솔각(摔角 혹은 摔跤)과 금나(擒拿)를 모르거나,

권술이나 병기의 격투방법을 모르고, 종합적인 무술소양이 없으면 무술가라 칭할 수 없었고, 무림의 상좌에 오를 수 없었다. 솔각(摔角)은 바로 소위 그라운드 기술이고, 금나(擒拿)는 바로 소위 "암바" 등의 관절기이니, 현재의 격투기 기술과 무엇이 다른가? 권술수련만 해서는 무공을 이루기 어렵다.

  무술수련은 원래부터 있던 운동습관을 바꾸어야 하는데, 근육자신은 스스로 바꾸기가 어려워서, 권술만을 하여서는 바꾸기가 비교적 어렵고, 외적인 보조수단의 협조가 필요하다. 먼저 자세를 참장(站樁)수련 하는 중에 바꾸며, 나아가서 병기수련 중에 진일보하여 바꾼다. 병기수련은 근육의 운동습관을 바꿀 수 있다. 이전의 무술가는 주로 대창(大槍)수련을 통하여 자신의 경력(勁力)을 바꾸었고, 대도(大刀)수련을 통하여 경력(勁力)을 증진하였다. 대창(大槍)수련은 주로 허리를 사용하며, 특히 대창의 찌르기 수련을 통하여 발경(發勁)을 수련하였는데, 품위가 있는 무술인이라면 창법(槍法) 상에 어느 정도 조예가 있어야 했고, 자신의 무예를 보여주려면 으레 대창(大槍)을 실연하여서, 자신의 무공수양 이력이나 신분을 과시하는 표지로 삼았다. 대도(大刀)수련은 대창(大槍)수련과는 다른 점이 있는데, 대창(大槍)수련은 주로 허리를 사용하나, 대도(大刀)수련은 등배와 양 어깨의 경(勁)을 운용하여서, 반드시 경(勁)이 충만하여 벌려야 기세를 얻는다. 만약 오해하여서 허리부위나 팔뚝의 경(勁)으로써 찍거나 후려 패면, 제아무리 있는 힘을 다하여도 전혀 대도(大刀) 특유의 느낌을 수련해낼 수 없다. 대창(大槍)을 찌르는 동작도 만약 허리를 사용하지 않고 단지 양팔의 힘에 의지하여 죽을 힘을 다하여 양 손이 함께 찔러 나가면 이것도 저것도 아니다. 대창(大槍)과 대도(大刀)는 장병기(長兵器)인데, 장병기(長兵器)를 양 손으로 잡았을 때, 무거운 장병기는 앞쪽에 잡은 손이 주로 힘을 쓰는 손이고, 가벼운 장병기는 뒤쪽에 잡은 손이 주로 힘을 쓰는 손이다. 창(槍)은 뒤쪽에 잡은 손이 주로 힘을 쓰는 손이고, 대창(大槍)이 아주 무거운 경우에도 예컨대 찌르는 동작은 뒤쪽에 있는 손이 주로 힘을 쓰는 손이다. 무술격언에 "대도는 앞쪽 손을 본다(大刀看項手 ; 혹은 大刀不離定手)"라고 하는데, 정수(項手 ; 혹은 定手)는 대도의 도반(刀盤) 가까이에 잡고서 주로 힘을 쓰는 앞쪽 손이며, 대도를 휘두르는 사람의 무공이 어떠한지는, 앞쪽에 잡고 있는 손의 동작이 어떠한지를 보기만하면 곧 그의 무공이 좋고 나쁨을 알 수 있다는 뜻이고, 대도(大刀) 도법(刀法)의 변화는 주로 앞쪽 손에 의지하여 표현하기 때문이다. 병기의 종류에 따라서 수련내용 또한 다르다.

관운장(關雲長)의 무공에 대해서는 전혀 알 수가 없고, 삼국지연의(三國志演義)의 관운장에 관한 내용은 대부분이 허구이다. 청룡언월도(靑龍偃月刀)는 당송(唐宋)시대에 출현한 병기이며, 더욱이 의장용(儀仗用)이었다는 견해가 있는데, 넓적한 도면(刀面)의 크고 긴 청룡언월도는 적과 근접하여 싸우기에는 실재로 순조롭지 않을 수도 있겠다. 한대(漢代)에 근접하여 싸우는 통상적인 무기는 수극(手戟)이었고, 마상작전(馬上作戰)에는 대부분 장모(長矛)를 사용하였다고 전하며. 수극(手戟)과 장모(長矛)는 실용적이었다. 삼국시대에는 극(戟)보다는 모(矛 : 창)가 주로 사용되었다고 한다. 대도(大刀)는 기마전(騎馬戰)에 쓸 수 있는 병기이다. 창(槍)과 마찬가지로 대도(大刀)는 만약 서로 마주하여 연습하면 절대로 서로 부딪치는 소리가 나지 않는다고 하는데, 대도(大刀)가 그저 힘으로 우악스럽게 마구 휘두르는 병기가 아니라는 뜻이겠다. 대도(大刀)는 짧은 손잡이의 도(刀)에 긴 자루를 부착한 병기를 총괄하여 가리킨다. 폭이 좁은 도면(刀面)의 도(刀)에 긴 자루를 부착한 대도(大刀)가 더욱 실용적이겠다. 몇 년 전에 중국의 무술용구상점에서 역자가 청룡언월도를 구입하였는데, 품질도 뛰어나고 조형도 균형 잡혀 아름답고 가격도 합리적이었다. 근래에 다시 가보니 저열한 품질의

값싼 복제품만 있었다. 이십여 년 전에 중국에서 우수한 품질의 각종 병기가 생산된 적이 있는데, 얼마 후 모두 사라졌다. 수요가 적어서라기보다 조악한 짝퉁 때문이었다. 정녕 악화(惡貨)는 양화(良貨)를 내쫓는가 보다.

    장병기(長兵器)는 그 종류가 많았는데, 어떤 장병기는 한 시기에 존재하다가 차츰 군대와 전장에서 퇴출되어서, 단지 민간의 무술계나 연극무대에서만 보존되었고, 대부분은 단지 상징적인 존재가 되었으나, 대도(大刀)는 여전히 무술애호가들이 즐겨 수련한다. 대도(大刀)는 묘한 권위를 지녔고 장중(莊重)하다. 무술도장이나 무술단체가 무술발표회를 하면, 대도술(大刀術)은 대개 고참이면서 체격이 우람한 사람이 한껏 위세(威勢)를 떨치면서 공연하는데, 온몸에 충만한 경력(勁力)을 주체 못하는 듯이 드러내고, 손짓 하나에도 혼신의 힘을 다하여서, 좌중을 압도하는 호방한 기세가 볼 만하다. 체계를 제대로 갖춘 대부분의 무술문파는 대도술(大刀術)을 수련하는데, 대도(大刀)수련은 정경(整勁 : 온몸이 완전무결하게 일체를 이룬 勁)을 이루게 하며, 체력 팔힘 민첩함 등의 신체소질을 잘 양성할 수 있기 때문이다. 대도(大刀)수련은 권술수련만으로는 얻을 수 없는 무공을 생겨나게 한다.

    무술은 "배움(學)"과 "수련(練)"의 두 단계로 이루어지고, "배워서 알기는 잠깐이나, 제대로 수련하려면 오래 걸린다(學會三天, 練好三年)". 예로부터 "말로 전하고 마음으로 가르친다(口傳心授)"라고 하며, 무술은 스승이 직접 제자를 대면하여 "말이나 행동으로 가르치는(口傳身授)" 것이었으나, 지금은 책을 통하여서도 얼마든지 잘 배울 수 있고, 오히려 장점도 많다. 보수적인 구시대와는 달리 지금은 책에 그 방법이 남김없이 공개되었다. 고의로 숨긴 비결은 없다. 다만 어쩔 수 없이 감추어져 드러나지 않아서 이해를 못할 뿐이다. 무술의 기교(技巧)는 아주 미약한 감각이며, 말로써 형용하기 어려운 미묘한 것이라서, 반드시 몸소 체험하여 터득해야 하는데, 스승은 다만 인도만 해줄 수 있을 뿐이다. 스승으로부터는 "배움(學)"만 얻을 뿐이고, 기껏해야 감화(感化)만 좀 받을 뿐이다. "수련(練)"은 전적으로 자신이 노력하여 단련하는 것이며, 스승이 전수한 기예를 자기의 공부(功夫)로 변화시켜 발전해내어 이루는 것이다. 지혜롭고 눈 밝은 사람은 책 속에서 올바른 "배움(學)"을 얻을 수 있다. 스승으로부터 직접 전수받지는 않았으나 책을 통하여 "마음속으로 깨달아 이해하는(心領神會)" 것이 바로 사숙(私淑)이다.

  책 속의 동작설명 중의 한마디 말이나 그림 중의 신체 어느 한 부분의 자세에 중요한 실마리가 있다. 예컨대 대도(大刀)를 잡은 팔의 팔꿈치를 조금 굽히며 팔꿈치를 몸에 붙이거나 아래팔뚝을 도간(刀杆)에 바짝 접근하는 자세는 왜 그러해야 하며, 팔꿈치를 펴거나 몸에 붙이지 않는 자세와 무슨 차이가 있는지를 체험하여 탐구해야 한다. 조급하지 말고 꾸준하기만 하면, 이해하여 익히기에 큰 어려움은 없다. 어려운 동작은 그 동작에 필요한 기본적인 몸의 기능을 양성하면서 노력하면 언젠가는 해낸다. 어차피 수련은 일생동안 할 일이다.

2011년 김태덕 올림

관공십팔도

2012년 5월 15일 인쇄
2012년 5월 20일 발행

저자 **서청산**
　　　이문화
번역 **김태덕**

발행처 | 두무곡 출판사

주소　 | 서울시 종로구 청운동 53-5
전화　 | 02-723-3327
FAX　 | 02-723-6220
등록번호 | 제 1-3158호

인쇄처 | (주)도서출판 서예문인화

주소　 | 서울시 종로구 내자동 167-2
전화　 | (02)732-7096~7
홈페이지 | www.makebook.net
값 10,000원

ISBN 978-89-956935-8-2　13690

잘못 만들어진 책은 바꾸어 드립니다.
본 책의 그림 및 내용을 무단으로 복사 또는
복제할 경우에는 저작권법의 제재를 받습니다.